嘘と迷信のないフランス菓子教室

◆

一人で学べる
イル・プルーのパウンドケーキ
おいしさ変幻自在

イル・プルー・シュル・ラ・セーヌ
弓田 亨／椎名 眞知子

ごあいさつ

弓田 亨　ゆみた とおる

1947年、福島県会津若松市に生まれる。
1970年、明治大学卒業後、熊本のお菓子屋『反後屋』に入る。後、東京『ブールミッシュ』工場長を経て1978年渡仏。パリ『パティスリー・ミエ』で研修し、その後大きな示唆を与え続ける生涯の友、ドゥニ・リュッフェル氏（『パティスリー・ミエ』のオーナーシェフ）と出会う。翌年帰国。青山『フランセ』、自由が丘『フレンチ・パウンド・ハウス』工場長を務める。1983年再び渡仏。半年の研修の後帰国し、1986年『ラ・パティスリー　イル・プルー・シュル・ラ・セーヌ』を代々木上原に開店。1994年代官山に移転。現在もフランス菓子教室で教えるとともに、全国での技術講習会、海外での食材探しなど、真実のフランス菓子のおいしさを追究している。

主な著書

「Pâtisserie française　そのimagination Ⅰ」
「Pâtisserie française　そのimagination Ⅱ」
「少量でおいしいフランス菓子のためのルセットゥ
　1〜6巻」
「ごはんとおかずのルネサンス」
「五感で創るフランス菓子」
「イル・プルー・シュル・ラ・セーヌのおせち38品」
「新シフォンケーキ　心躍るおいしさ」
「一人で学べる　とびきりのおいしさのババロアズ」
「一人で学べる　ザックサクッザクッ！
　押しよせるおいしさのパイ」
「記憶の中の母の味」
「Les Desserts
　レストラン、ビストロ、カフェのデザート」
（すべて弊社刊）

　皆さんは本当に嬉しくおいしい心を動かされるパウンドケーキを、自分の手で作り、そして食べたことがありますか？　この本には私共イル・プルー・シュル・ラ・セーヌが、開店以来20年の歩みの中で創り上げ、多くの方々に嬉しさと幸せを与え続けてきた様々のパウンドケーキが載っています。

　心に深く沁み込む柚子の香り、強く五感に迫るフランス・プロヴァンスの百花蜜、しっとりとした素朴さに満ちたりんごとキャラメル、ファンタスティックなソフトさに包まれたくるみいっぱいのパウンドケーキ、ぶどうジュースとミントの葉で煮込んだいちじくのジャムをはさんだ、今もパティスリーで一番人気のいちじくのパウンドケーキなど、どれもがイル・プルー・シュル・ラ・セーヌのそれぞれの時に個性と輝きを与えてきたとびきりのおいしさのパウンドケーキです。

　私達はこれまで全てのお菓子と技術を、正しく詳細に公にしてきましたが、この本も例外ではありません。可能な限りの詳しい説明がなされています。多くの方々は、それらのおいしさは、私達がプロだからこそ作り得た味わいではないのかと考えられるかもしれません。でも決してそんなことはありません。私達には、20年近く、お菓子教室で生徒さんとの実践の中で築き上げてきた初心者を基準にしたお菓子の作り方があります。この本もその考え方に従って作り上げられています。

　意欲さえあれば、本当においしいパウンドケーキが誰にでも作れるようになることを初めにお約束します。そしてやがて多くの方が、イル・プルー・シュル・ラ・セーヌの孤高の味わいの虜になります。その時はさらに新しい様々の味わいを求めて、私達のお菓子教室へおいでください。もうこれ以上のパウンドケーキ作りの本が出ることは決してありません。絶対の自信です。

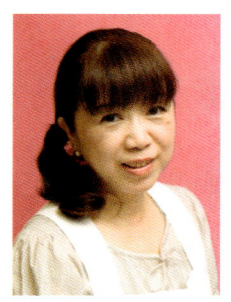

椎名 眞知子　しいな まちこ

山梨県甲府市に生まれる。
1995年より『イル・プルー・シュル・ラ・セーヌ』スタッフに加わる。翌年渡仏し、パリ『パティスリー・ミエ』、『レストラン・レ・ジョルジック』他で研修。1998年『スーパーJチャンネル』（テレビ朝日系）にレギュラー出演。現在『イル・プルー・シュル・ラ・セーヌ』フランス菓子・料理教室主任を務める。できるだけ易しいルセット作りに日々取り組み、明るい笑顔で、多くの生徒の方々に本物のおいしさを伝え続けている。

主な著書

「焼き菓子教室」
「生菓子教室」
「トレトゥール教室」
「5つの混ぜ方　焼き菓子36」
（ともに柴田書店刊）

「ごはんとおかずのルネサンス」
「イル・プルー・シュル・ラ・セーヌのおせち38品」
「一人で学べる　とびきりのおいしさのババロアズ」
「一人で学べる　ザックサクッザクッ！
　押しよせるおいしさのパイ」
「記憶の中の母の味」
（ともに弊社刊）

子供達や、親しい友人とともに過ごした記憶の中のお茶の時間は、添えられた折々のお菓子に会話もはずむ、とても暖かな空間でした。

共に過ごした時間を鮮やかに思い起こさせる、そんな個性あふれるパウンドケーキがあなたの手で作ることができるのです。

本を手に取って、一つ一つ丁寧に作り方を確認しながら作ってください。パウンドケーキ一切れ一切れに込められた味わいは、お茶の時間を一層豊かにし、あなたのパウンドケーキのイメージを一新することでしょう。

さあ、ページを開いてみて下さい。
ラ・フェットゥ・デ・ケーク、
パウンドパーティの始まりです。

目次

ごあいさつ	2
パウンドケーキって？	6
お菓子を作る前に	7
器具	8
技術	10
材料	13

別立て法で作るパウンドケーキ	16

基本のレシピ 1

オレンジのパウンドケーキ	18
くるみとレーズンのパウンドケーキ	24
マーブルのパウンドケーキ	28
柚子のパウンドケーキ	32
マンゴーのパウンドケーキ	36
ジャンドゥージャのパウンドケーキ	40
くるみのパウンドケーキ	44
ココナッツのパウンドケーキ	48

共立て法で作るパウンドケーキ	52

基本のレシピ 2
百花蜜のパウンドケーキ　54
　ナッツのパウンドケーキ　58
　レモンのパウンドケーキ　62
　プルーンのパウンドケーキ　66
　りんごとキャラメルのパウンドケーキ　70
　栗のパウンドケーキ　74
　チーズのパウンドケーキ　78
　いちじくのパウンドケーキ　82
　杏のパウンドケーキ　86
　洋梨のパウンドケーキ　90
　フルーツケーキ　94
　アンゼリカのパウンドケーキ　98

フランス伝統のパウンドケーキ	102

基本のレシピ 3
キャトル・キャール　104
　杏のキャトル・キャール　107

よく使う材料の作り方　109
イル・プルーのパウンドケーキQ&A　110
おすすめ材料一覧　112

イル・プルー・シュル・ラ・セーヌの
ご案内　115

Qu'est-ce que c'est le "pound cake"?
パウンドケーキって？

　Pound cakeはバター、砂糖、卵、粉の4つの素材がそれぞれ1poundずつ同量加えられたお菓子という意味です。この語が英語であることからも分かるように、イギリスではこの様なバターを多量に使ったお菓子が日常的に作られ食べられていると聞きます。フランスでパウンドケーキに当たる語はQuatre-quarts（キャトル・キャール＝1/4が4つ）ですが、普通は生地の中にドライフルーツやナッツなどが加えられており、Cake（ケック）という名がつけられています。フランスではイギリスからの外来語のケイクではなく、ケックと発音されます。またフランスでは誰もがチョコレートが大好きなので、チョコレートのドゥミ・セック（半生菓子）は様々なものが創り出されてきましたが、パウンドケーキはこの本のようにそれほど様々なものがあるわけではありません。

　パウンドケーキは作り方もそれほど難しいことはなく、幾つかのポイントをしっかり理解すれば割合簡単にとてもおいしく作れます。パウンドケーキの製法としては大きく分けて「別立て法」と「共立て法」がありますが、どちらがよいというわけではなく、味わいのイメージによってそれぞれを使い分けます。

　そしてどのようなパウンドケーキは焼き上がり面を上にする、あるいはひっくり返して底を上にするという決まりはありません。それぞれのパウンドケーキを作ってみて形のきれいな方、デコレーションのしやすさで決めてきました。またポンシュ（シロップ）を打つ、打たないもはっきりとした決まりはありません。それぞれの味わいのイメージに合わせて、そのつど私の感覚で決めてきたものです。

　ここでは私がこれまでの菓子作りの道のりの中で1つずつ創り上げてきたイル・プルー・シュル・ラ・セーヌの歩みであり、それぞれの時を彩ってくれたオリジナルのパウンドケーキを紹介します。個性溢れる味わいが揃っています。オレンジのパウンド（P16）で「別立て法」、百花蜜のパウンド（P52）で「共立て法」の基本的な作り方のポイントを詳しく説明していますので、よく読んでから様々なパウンドケーキ作りに挑戦してみてください。

お菓子を作る前に

温度
冷蔵庫内の温度は0℃に近づけます。
冷蔵庫内は7℃くらいが標準ですが、バターなどの材料をしっかり保存するために、0℃くらいを保ってください。

はかる
材料は正しくはかります。
記載してあるすべての材料は、前もってはかってから作業を進めてください。また、温度や時間も多少面倒でも正確にはかって理想の状態を覚えましょう。失敗が少なくなり、できあがりに差がでます。

材料
1：バター
お菓子作りには無塩バターを使います。一度も柔らかくなっていないものを使います。温度管理がしっかりしているお店で買い、冷蔵（5℃以下）か冷凍で保存します。

2：砂糖
それぞれのパウンドに合わせて、適した甘みと味わいを作り出していますので、できるだけ記載されている種類の砂糖を使います。

3：卵
全卵、卵黄はできれば新鮮なもの、卵白は水様化（P13参照）したものを使います。

4：粉
スーパーなどで売られている手に入りやすい粉で十分です。粉は湿気を吸うと混ざりにくくなるので、ビニール袋を二重にして乾燥剤を入れ、空気に触れないようにして常温で保存します。

器具
量に適した器具を使います。
材料の分量によって器具の大きさを使い分けます。より効率的で技術面もカバーできます。

技術
1：泡立て
メレンゲの泡立てなどには必ずハンドミキサーを使います。ホイッパーより早く、空気をたくさん含んだつぶれにくく混ざりやすい泡ができます。

2：器具と混ぜ方
何をどのように混ぜるかによって、器具と混ぜ方をかえます。生地の正しい状態がわからないうちは、記載された混ぜ方と回数を必ず守って下さい。

3：型
焼く前に型に紙を敷いておくか、バターを塗り冷しかためてから粉をふっておきます。

4：予熱と焼き方
設定された温度で正しく焼くために、オーブン内を十分に予熱し、温度と焼き色のつき具合に注意しながら焼き上げます。

*

本書では混ぜ方を重視していますので、初心者の方でも混ぜやすい分量（パウンド型2本分）での作り方を基本としています。

器具

正確な計量と分量に合った器具を使うことで、確実によりおいしいお菓子を作ることができます。
また技術面もカバーできるので、必要なものから徐々にそろえていくとよいでしょう。

ステンレスボウル（18cm／21cm）
混ぜ合わせる材料の量がボウルの容積の80％くらいになるよう、少量の材料を混ぜる時には量に合った小さめのボウルが適しています。本書では卵を混ぜるまでは18cmボウルで混ぜ、メレンゲ、粉を加える前に21cmボウルに移しかえます。（1本分で作る場合は、15cmボウルで作り始め、18cmボウルに移しかえてください。）

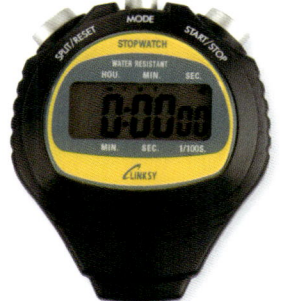

ホイッパー
柄が握りやすく、ワイヤーのしっかりしたものを選びます。本書では長さ24cmのものを使用しています。

ストップウォッチ
泡立てや加熱時間を正確に計るのに使います。本書では泡立て時間を記していますので、泡立て時間を計ることによって、あいまいでない最適な泡立ちが得られます。

木べら
均一に混ぜるために使います。パウンドケーキ成功の鍵を握る大切な器具です。本書では長さ25cmのものを使用しています。

ゴムべら
ボウルのまわりについたバターや粉をはらうために使います。原則として材料を混ぜるためには使いません。形状からして、ゴムべらでは決して良い状態に生地を混ぜ込むことはできません。

デジタル秤
1g単位で1kgまで量れ、風袋機能がついているものを使います。塩、香料、酒などの計量には0.1g単位の秤が必要です。

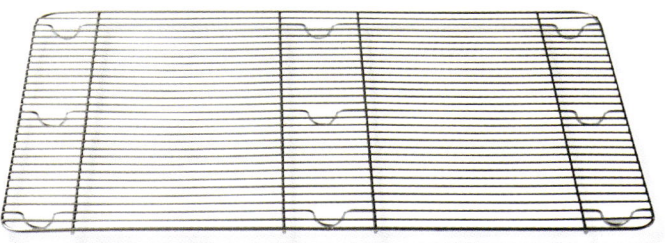

網
焼き上がったパウンドの粗熱をとるためや、ポンシュを打ったり、ジャムを塗ったりする時に使います。

ハンドミキサー
低速・中速・高速の3段階に調節でき、ビーターが2本セットできるものを使います。ビーターは先の方が広がっている形のものが、よく泡立ちます。またビーターの先が細くなっているものでは十分な泡立ちが得られません。

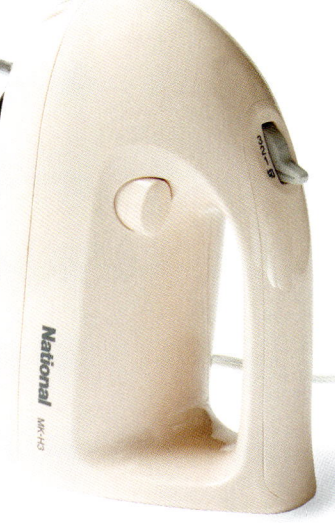

深大ボウル
ハンドミキサーでの泡立てに使います。深めで、かつ側面が底に対して垂直に近いものが、ビーターとボウルの間にすき間ができず、効率よくビーターが卵白に当たるので、強い泡立ちが得られます。
サイズ：直径20cm×高さ10cm

手付き中ボウル
ハンドミキサーでの少量の泡立てに使います。
サイズ：直径14cm×高さ8cm

型
型の材質はなんでもかまいません。また大きさも好みのものでかまいません。型が大きくなれば焼き時間は長くなりますし、焼成温度は少し低くしないと、生地の中心が焼き上がるまでに、表面を焼き過ぎたり、焦げたりするので注意します。また反対に型が小さい場合は、焼き時間はより短くなりますし、焼成温度も少し高く設定します。

技術

本書での混ぜ方は主に3つです。
本当においしいパウンドを作るための重要なポイントですので、
ちょっとがんばっておぼえてから作業を進めてください。
これをマスターすれば今までにないおいしいパウンドが作れることをお約束します。

基本の混ぜ方・泡立て方

◆ ホイッパーの正しい持ち方
親指と中指で持ちます。人さし指はのばして柄に添えるようにしても、引っかけるようにしてもかまいません。

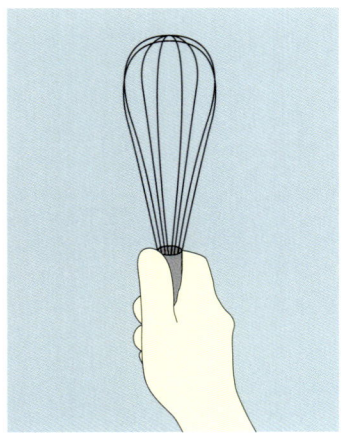

◆ ホイッパー【円】で混ぜる
バターをポマード状にする、砂糖類、卵を混ぜる時の混ぜ方です。

あまり力を入れずに、先端をボウルの底に軽くつけながら、大きく円を描いて混ぜます。基本は10秒に15〜16回、ゆっくりの場合は10秒に10回の速さが目安です。

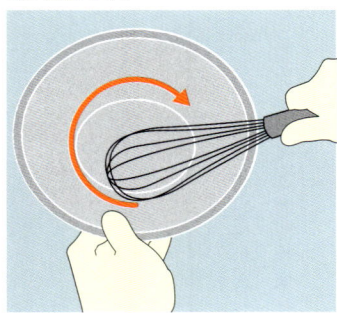

◆ 木べらの正しい持ち方
柄を親指と中指ではさみ、間に人さし指を添えます。

◆ 木べら【90度】で混ぜる
木べらの基本的な混ぜ方です。生地を木べらの先の面で生地を押して全体に大きな流れをつくり、均一かつ、まんべんなく混ぜます。一般にいう「切る」ような混ぜ方では、部分的に生地が割れるだけでよく混ざりません。

❶ ボウルの底、ほぼ真ん中少し右寄りに木べらの先を置きます。木べらの面は進行方向に対して90度に保ちます。

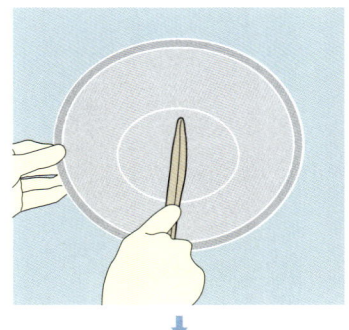

❷ 木べらの面を90度に保ったまま、中の生地を押すように左へ動かします。同時に左手でボウルを手前に1／6回転させ始めます。

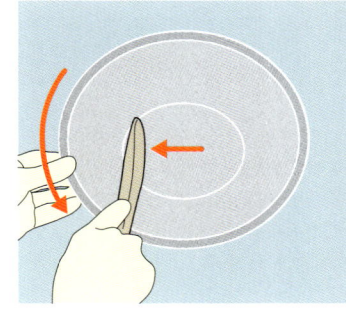

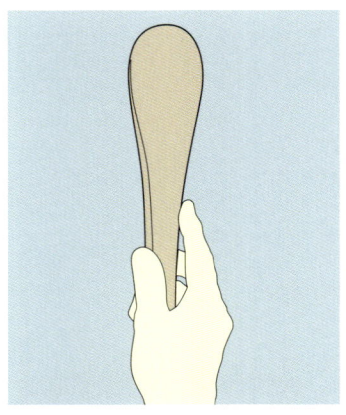

❸ 木べらが底の左の角に当たったら、ボウルの側面のカーブにそって木べらをこすり上げ、手首を返しながら回転させ始めます。

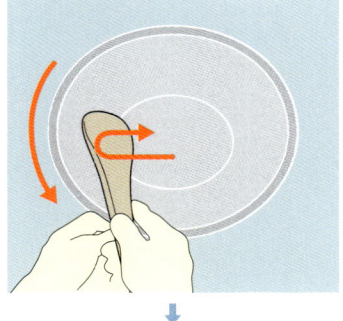

❹ ボウルの高さの1／2くらいのところまできたら、手首は返り木べらの面は180度回転しています。それからすぐにボウルの中央❶へ戻します。

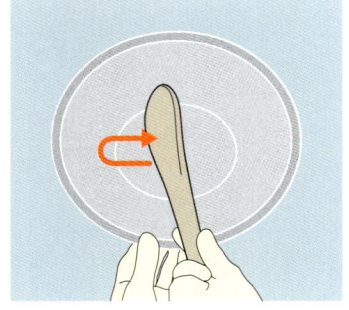

◆ 木べら【平行楕円】で混ぜる

バターにあまり空気が入らないように他の素材をより深く混ぜる時の混ぜ方です。

木べらの広い面が体の向きと斜め45度になるように持ちます。ボウルの底に先端を常につけて、木べらの面を進行方向に平行に保ちながら、円に近い楕円を描くように動かします。
木べらがボウルに当たってカタカタと音がする場合は、木べらの楕円が大きすぎます。音がしないようボウルの底の面からはみださないようコンパクトな楕円で動かします。
基本は10秒に15回、手早くの場合は10秒に25回の速さが目安です。

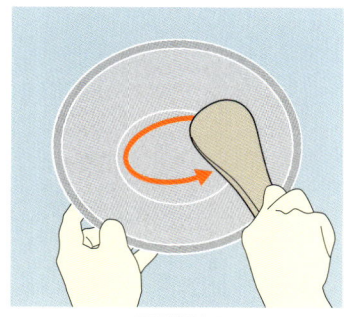

木べらの面が進行方向に対して90度になると、より多くのバターをすくい、それだけ空気が多く入ってしまいます。

◆ ハンドミキサーで泡立てる

本書の中で使われる卵白の泡立ては必ずハンドミキサーで泡立てます。アマチュアであれ、プロであれ、人間の腕力では十分な泡立ちは決して得られません。十分に水様化させた卵白（P13参照）をハンドミキサーで泡立てれば、よりよいメレンゲが簡単に作れます。

◆ ハンドミキサーの正しい使い方

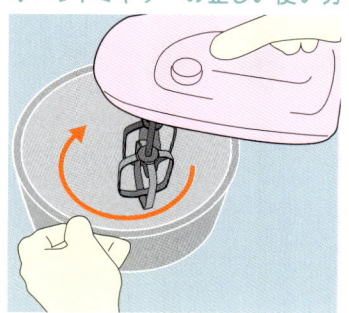

ハンドミキサーはボウルの中で、側面にビーターが軽く当たって、カラカラと音をたてるくらいに、できるだけ大きな円を描くようにまわします。
ガラガラと強く当てるとビーターとボウルからステンレスがこすり落ち、アクが出ます。メレンゲも混ざりが悪く、つぶれやすいポロポロした泡立ちになります。またボウルの中心部だけを小さくまわしていると、外側の部分の卵白にビーターが当たらず、気泡量の少ない、弱くて不均一な泡立ちになります。
ハンドミキサーをまわす速度は、10秒に30回程度が理想的です。かなり速めで初めはかなり腕が疲れますが、慣れればホイッパーで泡立てるよりも短時間で、楽に失敗の少ない強い混ざりのよいメレンゲができます。初めはより低いところにボウルを置いて腕をダラーッとたらすようにしながら泡立てると少しは楽です。男性でもプロでも日頃使わない筋肉を使うので、誰でも初めは疲れます。頑張ってください。10回も泡立てればかなり慣れてきます。

◆ 卵白60g以下の場合

手付き中ボウルを使い、ビーター1本で泡立てます。この時、右ききの人はハンドミキサーの左側にビーターをつけて時計回りに、左ききの人は右側にビーターをつけて反時計回りにまわします。
左右それぞれのビーターは外側に回転しているので、ハンドミキサー本体をビーターの回転方向と反対方向にまわすことで、よりよく泡立ちます。同じ方向にハンドミキサーをまわすと、いつまでたっても柔らかくて気泡量の少ないメレンゲにしかなりません。

◆ 卵白60g以上の場合

深めの大ボウルを使い、ビーター2本で泡立てます。1本の場合と違い、ハンドミキサー本体の回転方向は左右どちらでもかまいません。また、どうしても腕が疲れるようなら途中で回転方向を変えてもかまいません。

型の準備

買ったばかり新品の型は…
テフロン加工のものはすぐ使ってもかまいませんが、ブリキ製の新品の型は加熱すると金属的なニオイがします。使う前にサラダオイルを薄く塗って空のまま180℃くらいのオーブンに入れ加熱します。油から煙が出始めてから2、3分ほど加熱してください。オーブンから出し、熱いうちにフキンなどで綺麗に拭けばニオイは取り除かれ、型の表面に油の薄い膜ができ生地が型につきにくくなります。

◆ 紙を敷く場合
❶ パラフィン紙を下図のサイズに切ります。

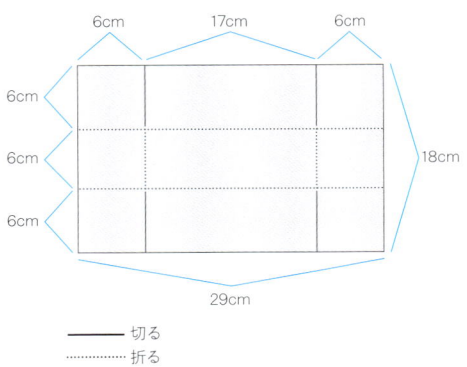

――― 切る
･････ 折る

❷ パウンド型に合うように組み立て敷きます。

◆ 粉をふる場合
❶ バターを型の内側に厚めにまんべんなく塗り、冷蔵庫で冷やしかためます。

❷ 粉を全面につけるようにまわし入れ、余分な粉をはたきます。

材料

香りと味の豊かな材料を選ぶことが一番の基本です。必ず自分の舌で確かめてください。
少しずつ材料の善し悪しを見分ける力がついてきます。バターや卵の保存状態はでき上がりに大きく影響します。
よい材料をよい状態で使うことがお菓子作りの成功の秘訣です。

卵

日本ではほとんどのところで生産費を抑えるため、鶏の飼料に鰯を蒸して乾燥させ粉にした魚粉を加えています。鰯は栄養が豊富なので鶏は長生きをして卵もより多く産むとのことです。しかしこの鰯のニオイが卵黄の中にかなり強く残っていて、時として不快なニオイが感じられることがあります。ほとんどの国産の卵は、フランスのものと比べるととても生臭いニオイがします。

全く魚粉を加えていないか、あるいはごく少量しか加えられていない飼料で育てられるものがよいのですが、一般の人にはこの様な卵の入手はほとんど不可能でしょう。しかしあちこちまめに聞いてみると、よいものが見つかるかもしれません。

ヨードとかクロロホルムなどを加えた、そんなわけの分からない愚かな卵はいりません。目玉焼きで食べてみて、本当にポックリとおいしい豊かな味わいがあるかどうかで選んでください。これでおいしい卵は、パウンドケーキもおいしくしてくれます。

メレンゲを作る卵白は水様化卵白を使いますが、全卵はできれば新鮮なものを使います。でもとびきり新鮮なものと少し日数の経ったものでも、そう味わいの違いはありませんので、とりあえずは身近に手に入るもので少しも問題はありません。

水様化卵白について

新しい卵白では、混りが悪くつぶれやすいメレンゲとなり、よい泡立ちは決して得られません。卵白をサラッと流れるように水様化させなければなりません。しかし日本の卵は、新しいものをそのまま冷蔵庫に入れてしまうと、半月たってもドロンとした状態から変わりません。そこで意識的に卵白を水様化させます。常温で水様化させる方法と、キウイの裏ごしを使って早く水様化させる方法があります。

新鮮卵白
卵を割り分けたあとのドロンとした状態。

水様化卵白
スプーンですくうとかなりサラーッと流れ落ち、最後は少しトロンと糸をひきます。

常温で水様化させる場合

① 卵白をできるだけ20℃以下の場所に置いて、1日1回レードルでよく混ぜます。2週間ほど（20℃くらいの暖かい時は1週間ほど）で少しずつ水様化します。

➡ 気温が低い時は少し暖かめのところにおきます。混ぜるのを忘れると水様化は遅くなります。またあまりに暖かいところで急激に水様化させようとするとニオイが出ることがあります。

② スプーンですくえ、サラサラと落ちるが、よく見ると少しトロンと落ちる部分があるまで水様化させます。

③ 冷蔵庫に移し、水様化の進行を抑えます。

裏ごししたキウイを入れて作る場合

卵白は90％が水分で、残りがタンパク質の繊維です。キウイ、パパイヤ、生のパイナップルにはタンパク質を分解する酵素が含まれており、これが卵白の繊維を化学的にほぐして水様化させてくれます。ただしこの力は強いので、あまり置いておくと水様化が進みすぎてかえって弱い泡立ちになります。キウイの分量は卵白の量に対して1％です。

材料（最も少量で作る場合）
卵白 ‥‥‥‥‥‥‥‥‥ 200g
裏ごししたキウイ ‥‥‥‥ 2g

➡ 酸味のはっきりしたもの。くさりかけた酸味の弱いものは分解する酵素も弱まっています。

① 卵白と裏ごししたキウイを30秒フードプロセッサーにかけ、泡立った部分を捨てます。機種によっては15秒ほどでかなり泡立つものもあります。その場合はそこでやめます。

② 気温20℃以下の場合は密閉容器に入れ、10時間ほど常温に置きます。気温20℃以上の場合は冷蔵庫に入れます。

③ 冷蔵庫で保存し、3日で使い切ります。3日以上たつと水様化が進みすぎてかえってよい泡立ちが得られない場合があります。

バター

フランスでは家庭で日常的に食べるバターも醗酵バターです。醗酵バターは牛乳から取り出した脂肪に乳酸菌を加え、醗酵させたものです。

乳酸菌の力でバターに含まれている成分を変化させ、うまみ、栄養素の幅を広げています。乳酸醗酵によって脂肪を燃焼、消化しやすい状態にしてくれます。一度そのおいしさを知れば、日々パンにつけて食べるバターももう醗酵バターしか食べられなくなります。ニオイがあるということは、豊かな栄養素を含んでいるという証なのです。

パウンドケーキでももちろんしっかりした味わいの醗酵バターが味わいを高めてくれます。

バターにはそれぞれメーカーや製品によって異なる吸水力（水をより多く取り込み、分離させないで保つ力）と伸展性（薄く薄く切れずにのびていく力）があります。もちろん吸水力が大きく伸展性も十分あった方が、パウンドケーキの生地は作りやすくなります。バターによっては吸水力が小さく、本書の配合で作る場合、卵などがどうしても混ぜきれずに分離しやすくなることもあります。

また本当は吸水力、伸展性ともに優れたバターであっても、一度でも柔らかくなってしまうとバターの中の脂肪球の混ざり具合が壊され、この二つの力は著しく失われてしまいます。一度も柔らかくなっていないバターを使うことが大事なポイントです。

必ず5℃以下に冷えた冷蔵庫に入れて保管してください。5℃以上のところに長時間おくと、やはり脂肪球の均一な混ざり具合が壊れてしまいます。

コーンスターチ

コーンスターチにはグルテンの素となるタンパク質は含まれていませんので、グルテンは形成されません。そのために歯ざわりは軽くホロッと優しい歯崩れになります。

コーンスターチはほとんどの場合、この効果を狙って加えられます。しかし小麦粉を加えずに、コーンスターチだけではあまりにも生地がもろく、分離して、生地が不均一に焼き上がったりします。

フルーツブランディー、リキュール

パウンドの生地にフルーツのブランディー（オ・ドゥ・ヴィ）やリキュールを加えるのは、それらのアルコールを楽しむためではありません。パウンドケーキの香り、味わいを豊かにするために加えます。

主にブランディーは香り、リキュールは香りと味を豊かにするためと考えてください。もちろんそれぞれしっかりした香り、味わいのものを選ぶことが大事です。香りが豊かなものと平坦なものでは、できあがったお菓子に大きな差をもたらします。

しかし残念ながら、フランスなどから輸入されているこれらのものは、ビンだけが同じもので、中身は日本向けの手抜きの品質のものも多数です。イル・プルーで揃えているもの（P112参照）は、豊かな香りと味わいの秀逸なものです。

砂糖類

普通フランス菓子やパウンドケーキにはグラニュー糖を使いますが、時にはお菓子の味わいを豊かにするために、赤砂糖（キャソナッドゥ）や黒糖、蜂蜜、上白糖などを使うことがあります。上白糖は日本だけの砂糖です。グラニュー糖の主成分であるしょ糖の結晶の表面に、転化糖のシロップを付着させたものです。

転化糖はしょ糖よりも甘みが強く、少し刺すような強い甘みがあります。またしょ糖を加熱すると転化糖に変化し、それからキャラメルに変化していきます。転化糖はプロセスが一段進んでいますので、加えると生地の色づきが早く、また濃く焼き上がります。

転化糖には上白糖の他に、水飴、蜂蜜、果糖、乳糖などがあり、これらを加えるとより強い焼き色がつきます。

砂糖類は単に甘みだけでなく、卵白に加えて泡立てると卵白に溶けて卵白液の粘りが増し、メレンゲを強いものにしてくれます。パウンドケーキの生地では、卵液に溶けてその粘りでバターに卵などの水分を混ざりやすくしてくれます。

また砂糖は生地の歯ざわりを柔らかくして生地の中に浸透していくことによって、生地がだ液に溶けやすくなり口どけをよくしてくれます。

小麦粉

薄力粉には7％ほど、強力粉には12％ほどのタンパク質が含まれています。このタンパク質と卵などの水分が化学的に結合してグルテンが形成されます。

粉に水を加え、強くよく練って、これをゆっくり水で洗いデンプンを流していくと、あとには柔らかいぺっとりとしたトリモチのようなものが残ります。これがグルテンです。

グルテンは生地の中に網の目状に広がり、この周囲にデンプンが集まり、これがバターや卵を吸着するような状態で生地は焼き上がります。グルテンがより多く緻密に形成されると、生地のスダチはより細かくなり、柔らかさを増してきます。しかし過度にグルテンが形成されると網が他の旨味をしっかりと包んでしまい、食べた時に味わいが舌に感じられなくなります。モクモクとした余計な弾力が生まれ、歯ざわりも歯崩れも悪くなります。

反対にグルテンの形成が少なすぎると、スダチがより粗くなりザラつきが大きくなったり、生地が過度に壊れやすくなったりします。様々な成分がグルテンの網に包まれていないために、焼き上がるまでに様々な成分が分離してしまい、焼き縮みができたり、生地の下の方にかたい層ができたりします。

生地の中に大きなものが加えられれば、ほとんどの場合焼き上がるまでに底に沈んでしまいますが、5mmほどの小さなオレンジピールなどは、しっかりグルテンが形成されていれば沈むことなく全体にとどまって焼き上がります。

グルテンは強い力で長く混ぜるほどより多く形成されます。また木べらではほどよい量のグルテンが形成されますが、ホイッパーでは過度のグルテンが形成されやすくなります。

また粉を混ぜる時にバターの生地がトロトロと柔らかすぎる場合は、粉を混ぜてもグルテンができにくくなります。

ドライフルーツ

ドライ・レーズン、ドライ・イチジク、ドライ・アプリコット、ドライ・プルーンなどドライフルーツはヨーロッパ産のものの味わいがとても豊かです。イル・プルーではドライ・レーズン、ドライ・ポワールはスペイン産、ドライ・プルーンはフランス産、ドライ・イチジク、ドライ・アプリコットはトルコ産のものを使用しています。もちろんこれらの善し悪しでパウンドのおいしさも大きく左右されます。

バニラエッセンス

人がものを食べる時の味覚の基本的三要素は、香り、食感、味です。これらはそれぞれ強く影響し合います。食感と味は変わらないのに、豊かな香りを加えられ、全く別なとてもおいしい味わいに変化するということも、実は私達は無意識のうちに頻繁に経験しています。

これらを加えなければお菓子が格段にまずくなる、というわけではありませんが、豊かな香りのエッセンスを加えればより印象的なおいしさに変化します。マダガスカル産のブルボン種のバニラビーンズから抽出したものが、一番お菓子に向いた自然な香りを持っています。

卵、バター、粉、その他の日本の素材は、フランスのものと比べると、どうしても香り味わいが希薄なため、バニラエッセンスはとても重要です。フランスでは加えなくてよい場合でも、日本では加えた方がよい場合が数多くあります。よくスーパーなどで見かける薄い色、サラサラの香りのものでは加えることによって、かえってお菓子がまずくなってしまいます。タヒチ産のものは薬品臭が強く、インドネシア産はタヒチ産とマダガスカル産の中間の香りで、どちらもお菓子には不向きです。

ナッツ

パウンドケーキにはくるみ、アーモンド、ヘーゼルナッツなどナッツが多く加えられます。

日本産のくるみは実が薄くて渋皮の厚い、渋味の強いものが多くあります。アメリカ産は多少味わいはありますが、フランス、スペイン産の味わいの豊かさには全くかないません。

ヘーゼルナッツ、アーモンドもスペイン産のものが深く力強い味わいを持ち、パウンドケーキのおいしさを高めてくれます。イル・プルーではスペインの中でもカタルーニャ地方、内陸のレリダのものを使っています。同じお菓子でもどこ産のものを使うかで全体の味わいは大きく変わります。

Le cake à mélanger avec une meringue
別立て法で作るパウンドケーキ

　別立ては必ずメレンゲ（ムラング・オルディネール）を加え混ぜ込みます。メレンゲは大量の空気を含んでいるので、オーブンの中で加熱されるとより大きく膨らみます。メレンゲを加える効果としては、本書の「くるみのパウンドケーキ」のように多めに加えて、つぶさないように粉とともに上手に生地に混ぜ込めば、スダチができ、より大きく焼き上がってよりソフトな優しい歯ざわりになります。また「くるみとレーズンのパウンドケーキ」のように、少なめのメレンゲを加えればそれほどソフトさは出ませんが、軽くしっとりホロッとした歯ざわり、崩れ方になります。

　メレンゲの泡をつぶすことなく混ぜ込むためには、バターの生地を十分に柔らかくすることが大事です。自動的に混ざりやすい柔らかさになるように水分や酒を多めの配合にしているもの（くるみとレーズンのパウンドケーキなど）もありますが、その他のものはこまめに加熱して柔らかくします。これにメレンゲを加え、さらにバターの生地を柔らかくのばしてから粉を加えます。メレンゲを加えてからは、共立ての場合と違い、メレンゲをつぶさないようにゆっくりめに木べらを動かして混ぜていきます。

　粉とメレンゲを混ぜる順序は、どちらが先でなければならないという決まりはありません。通常はメレンゲをバターの生地に加え50％ほどの混ざりで粉を加えていきますが、「くるみのパウンドケーキ」のようにメレンゲと卵白のソフトさを十分に出したい場合は、粉を先に加えて最後にメレンゲを混ぜます。時間とともにメレンゲの泡がつぶれていきますので、生地ができあがったらすぐにオーブンに入れるようにします。泡がつぶれてしまうと生地が分離して、下がかたく焼き上がったり焼き縮みすることがあります。

　最後までメレンゲを過度につぶすことなく焼き上げるためには注意が必要ですが、本書では可能な限りの詳細な説明がなされています。これをよく理解すれば少しも難しいことはありません。

オレンジのパウンドケーキ

多くの人が思う力のない薄っぺらなオレンジではありません。
したたる香り高い果汁に
太陽の思い、地の思いが溢れているようです。

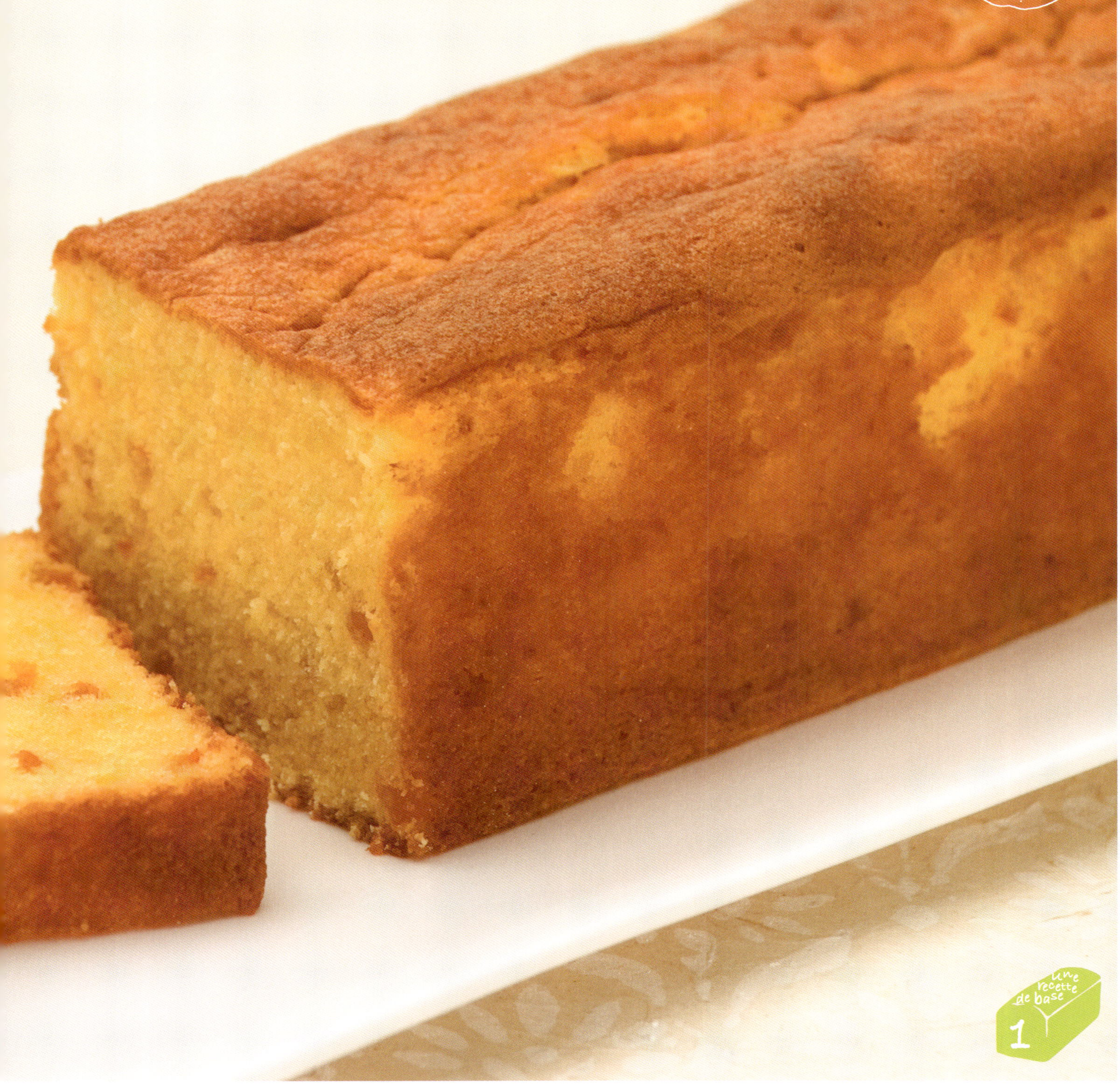

基本のレシピ 1
オレンジのパウンドケーキ

上口18cm×7cm、底17cm×6.5cm、
高さ5cmのパウンド型　2本分

❊ 材料 ❊　[　]内は1本分の分量です。

バター	140g	[70g]
グラニュー糖	78g	[39g]
卵黄	116g	[58g]
コンパウンド・オレンジ	20g	[10g]
オレンジピール	92g	[46g]
メレンゲ		
卵白	78g	[39g]
グラニュー糖a	12g	[6g]
グラニュー糖b	19g	[10g]
粉類		
薄力粉	54g	[27g]
コーンスターチ	54g	[27g]
ベーキングパウダー	1.7g	[0.9g]
ポンシュ		
30°ボーメシロップ（P109参照）	16g	[8g]
オレンジキュラソー	8g	[4g]

❊ 下準備 ❊

● バターは5mmの薄さに切り、18cmボウルに重ならないように入れ、25℃くらいの所に置いておきます。指で押してみてサッと入るくらいの柔らかさにしておきます。
⇒ トロトロに柔らかくしてしまうと、卵などを入れた時に分離しやすくなるので注意してください。
⇒ 少し小さめのボウルの方が、バターに砂糖や卵が効率よく混ざります。

● 卵白はあまり冷やし過ぎないように涼しい所（15℃くらい）に置いておきます。
⇒ 卵白が0℃近く冷えていると、バターの生地に混ぜる時にその冷たさでバターがかたまり始め伸びにくくなり、メレンゲが細かく混ざりにくくなります。また20℃以上に暖まると、気泡量の多すぎる、いわゆるボカ立ちのつぶれやすいメレンゲになります。

● 型には必ず紙を敷いておきます。（P12参照）
⇒ フルーツの砂糖煮など粘りのあるものが入っている場合は、型にくっつきやすくなるので必ず紙を敷いてください。

● オレンジピールを2〜3cmに細かく刻んでおきます。

● 生地を移しかえるための21cmボウルを用意しておきます。

● **粉類**は一度手でよく混ぜてから、生地を作り始める直前にふるっておきます。
⇒ 特に湿度の高い時などは、ふるってから時間がたつと、粉の粒子がくっつき、バターの生地への混ざりが悪くなります。

● オーブンを予熱しておきます。
　　ガス高速オーブン　　170℃になってから10分
　　電子レンジオーブン　200℃で15分
⇒ 本書でパウンドケーキを焼く場合の予熱は、ガス高速オーブンは焼成温度より10℃高く設定し、設定温度になってからさらに10分十分に予熱します。
⇒ 電子レンジオーブンは焼成温度より20℃高く設定して15分、扉のガラスがチクチクと熱くなるまで十分に予熱します。
⇒ よい状態に焼き上げるためには、十分な予熱が大切です。特に家庭用のオーブンはしっかりと予熱してください。

❊ 作り方 ❊

❶ バターをポマード状にします。
柔らかくしたバターをホイッパー【円】(P10参照)で混ぜられるくらい、少しだけ手に重さを感じるくらいの柔らかめのポマード状になるまで混ぜます。バターがかなりかための場合は、ボウルの底を弱火で少し温め、混ざりやすい柔らかさにします。

➡ 少しコシがあって少しテリが出るくらいの柔らかめが目安です。まだここでは柔らかすぎてはいけません。砂糖、卵を加えながら少しずつ柔らかくクリーミーにしていきます。

❷ グラニュー糖を5回に分けて加えます。
1回加えるごとに、グラニュー糖の粒が見えなくなってから50回ずつ、【円】で10秒に12〜13回くらいの比較的ゆっくりとした速さで混ぜます。途中でバターがかたくなって、ホイッパーをまわす手が重くなってきたら、ボウルの底を弱火で少し温め、混ざりやすい柔らかさにします。逆に室温が高かったり、混ぜ込む素材が温まっていて柔らかくなりすぎた場合には、氷水にあて混ざりやすい柔らかさにしめます。

➡ 糖類はそれぞれに記されている回数に従って分けて加え、真っ白く泡立たないように混ぜてください。少し白くなるのはかまいませんが、あまり真っ白く泡立つとそれぞれの素材が混ざりすぎて、素材の特徴が失われて平坦な味わいになる傾向があります。

❸ 卵黄を5回に分けて加えます。
卵黄をよくほぐし、1回加えるごとに、卵黄がバターに混ざり見えなくなってから50回ずつ、【円】で10秒に12〜13回の速さで混ぜます。1回加えるごとに、ボウルの底を軽く弱火に2度ほどかけ、よく混ぜます。

← 3回目の卵黄を加えた状態

➡ 全卵や卵黄は多めに加えられるので記された回数に従って分けて加え混ぜます。

➡ 加熱して少しバターを溶かさないと卵の混ざりが悪くなります。また卵の水分が入り、砂糖が溶けて生地の粘度が増し混ぜる手は重くなります。加熱の回数は季節による室温や加える素材の温度によって違います。室温が低かったり、バターがかたくしまってきた場合はより多い加熱が必要です。

➡ 卵が加えられ、加熱されるに従ってバターの生地は少しずつ柔らかくなっていきます。また砂糖も卵の水分によって少しずつ溶けて、ホイッパーにあたるジャリジャリした感触が少なくなっていきます。

←すべての卵黄を加えた状態
生地は完全に乳化して、なめらかでクリーミーに、そして柔らかめになっています。

⇒もしここで卵が少しだけ分離ぎみであっても、スムーズに進め❿で粉を正しく混ぜ込めば問題はありません。

❹コンパウンド・オレンジを加え、【円】で均一になるまで混ぜます。

⇒コンパウンド・オレンジなどの香料などはごく少量なので、あまり早い段階で加えると、目に見えないところで細かく混ざりすぎて、香りや味わいが隠れてしまいます。

❺細かく刻んだオレンジピールに、❹のバターの生地を大き目の2すくい加えのばします。❹に加え、【円】で均一になるまで混ぜます。

❻用意しておいた21cmボウルに移しかえます。

⇒生地の量に合った器を選ぶことが大事です。バターに様々なものを混ぜる時は、器は小さい方がホイッパーや木べらから逃げず、効率よく混ざります。メレンゲ、粉を混ぜる時にはこぼれないように大きなボウルに移しかえます。

❼メレンゲを作ります。
深大ボウルに卵白とグラニュー糖aを入れ、ハンドミキサー（ビーター2本）の速度2番で1分→速度3番で1分30秒泡立てます。グラニュー糖bを加え、さらに速度3番で1分泡立てます。

⇒卵白は水様化（P13参照）したものを使います。ドロンとした新しい卵白ではポロポロとしたつぶれやすい泡立ちになります。本書では配合に合わせて、砂糖を1回、あるいは2回で多めに加えて、メレンゲに強さを出しています。砂糖には甘さだけではなく、その粘りで泡を強くするなど様々な働きがあります。

⇒卵白は必ずハンドミキサーを使って泡立ててください。ホイッパーでの泡立てでは決して十分に強い、混ざりのよいメレンゲはできません。

←メレンゲできあがり

❽ **バターの生地の柔らかさを整えます。**
少しテリが出て、手に重さをほとんど感じないくらいまで加熱して柔らかくします。弱火でボウルの底を温め、【円】または木べら【平行楕円】（P11参照）で強めに混ぜます。これをくり返します。

❾ **メレンゲを2回に分けて加えます。**
❼のメレンゲを1すくい加え、木べら【90度】（P10参照）でメレンゲをつぶさないように10秒に12〜13回の速さでゆっくりめに混ぜ、全体に散らします。次に【平行楕円】で15〜16回強めによく混ぜ、バターの生地を均一にのばします。
残りのメレンゲをすべて加え、再び【90度】でメレンゲを50％の混ざりまで混ぜます。

❿ **粉類を5〜6回に分けて加えます。**
【90度】で混ぜます。ここでもメレンゲをつぶさないために、10秒に12〜13回の速さで混ぜます。80％の混ざりで次の粉を加え、同じように混ぜます。

3回目の粉を加えたら粉が見えなくなるまで混ぜ、ゴムべらでボウルのまわりをはらい、残り2〜3回を加え同様に混ぜます。全量加えたら粉が見えなくなるまで混ぜ、ゴムべらでボウルのまわりをはらい、さらに30回混ぜます。

← **混ぜ終わりの状態**
手に少し重さが感じられ、生地がとてもなめらかになっています。

- メレンゲを加える前は必ずバターの生地を柔らかくします。メレンゲは衝撃に弱く、かたいものに混ぜようとすると簡単につぶれてしまいます。
- 種類によっては酒などを加え、自動的に丁度よい柔らかさになるものもあります。その場合は加熱は必要ありません。

- ホイッパーで粉を混ぜ込んでしまうと、あっという間にメレンゲがつぶれてしまいます。必ず木べらで混ぜます。【90度】という混ぜ方は、メレンゲを過度につぶさず、粉の混ざり具合がほどよくなり、素材の味わいが十分に感じられる焼き上がりになります。
- バターの生地はそれ自体にかなり粘りがあり、別立ての生地に粉を浸透させるためには、1すくい目のメレンゲで生地をのびやすい柔らかさにすることが最も大切です。粉の混ざりが悪いと焼き上がりも悪くなり以下のような焼き上がりになります。

✕ 舌ざわりのざらつきが出て、ポンシュ（シロップ）を打たないものはパサつきが早くなる。
✕ 生地がもろく壊れやすくなる。
✕ 焼き上がるまでに分離して生地の真ん中が細く縮んだりする。
✕ 生地の中に芯のようなものができ、かたい歯ざわりになる。
✕ オレンジピールなど混ぜものが均一に散らず、底に沈んでしまう。

⓫ 生地を型に入れます。
用意しておいた型2本に、ゴムべらなどで生地を均等に流し入れ、両端を少し高くします。

● 両端の部分は三方から加熱されるので、火の通りが早くなります。そのため生地が中心より両端に多めにあった方が均一に焼き上がります。

● 生地ができたらすぐにオーブンに入れてください。特に生地が分離していた場合は、分離の程度が進まないようにすぐに焼きます。また生地が柔らかめの場合、室温が高い場合もすぐに焼いてください。またしっかりしたできあがりの生地でも暑い時は5分以内、涼しい時でも10分以内に。

↑短辺は焦げやすいので両側面に段ボールを置いて焼きます。

⓬ オーブンで焼きます。

ガス高速オーブン
160℃で20分
↓
奥手前を入れかえて20分

電子レンジオーブン
180℃で20分
↓
上下段を入れかえて20分

オーブンへ

オーブンと焼き方について

家庭用のオーブンには、ガス高速オーブンと電子レンジオーブンがあります。

ガス高速オーブン
奥と手前の強度が異なるためムラ焼けになりやすく、扉側の手前の方だけ焼き色が濃くなる場合があります。そのため20分（焼成時間の約半分）たったら奥と手前を入れかえて焼き上がりが均一になるようにします。

電子レンジオーブン
天板が回転する機種は、熱の入り方にムラが少なく全体が均一に焼けます。また天板が回転しない機種はガス高速オーブンと同様に考えます。ガスオーブンに比べて熱量が弱いので、パウンドケーキのような時間をかけてゆっくり焼くお菓子に向いています。1枚の天板に1本、上下段で2本焼く場合は、20分（焼成時間の約半分）たったら上下を入れかえて焼き上がりが均一になるようにします。

オーブンでの焼成の考え方

表面積と体積の関係で考えます。表面積が大きくて体積が小さいスポンジ生地のシート焼きは、水分が抜けすぎないように200℃くらいの高温で短時間で焼きます。対してパウンド型やデコ型は表面積が小さくて体積が大きいので低温で、より長い時間で焼くことが必要です。火が強ければ外側が焦げたり中心が生焼けになったりします。

庫内にファンがついた対流式の柔らかい熱のオーブンの場合は、ずっと中温160～170℃で加熱します。庫内にファンがなく熱が荒く生地が焦げやすいオーブンの場合は、焼き時間の半分強、80％くらい生地が浮くまでは140～150℃の低温で加熱し、160～170℃に温度を上げて焼き上げれば、生地の外側と中心が平均して同じ状態に焼き上がります。

オーブンは機種や大きさだけでなく、同じメーカーの同じ機種でも10～20℃の温度の違いがありますので、自分のオーブンに適した時間、温度をみつけることが大切です。本書の焼成温度、時間はあくまで目安です。最も大事なことは本書の写真の焼き色と焼き時間を合わせることです。

焼き時間40分と書いてある場合

△30分でかなり濃いめの焼き色がついてしまったら
10℃くらい温度を下げて、これ以上表面が焦げないように、上にベーキングシートかアルミホイルなどをかぶせ焼き続けます。

△30分でもほとんど焼き色がついていなかったら
20℃くらい温度を上げて焼き続けます。

焼き上がりの目安

パウンドの種類やその時のオーブンの暖まり具合によって、表面がほぼ平らに浮く場合と、生地の中央が縦に割れて焼き上がる場合があります。

◎表面が平らに浮いた場合
こんもり浮いていた表面が少し下がりほぼ平らな感じになり、型と生地の間に1mmほどの隙間ができた。

◎表面が割れた場合
こんもり浮いていた表面が少しゴツッとした感じになり、型と生地の間に1mmほどの隙間ができ、割れ目に焼き色がついた。

以上のようになればまず十分に焼けています。自信がない場合は、竹串を刺してみて何もつかなくなってから、さらにオーブンに5分置いて出します。

↑ 焼き上がり

⑬ **ポンシュの材料をボウルに入れ、混ぜておきます。**

⑭ **型からはずします。**
焼き上がったらすぐに型からはずします。軍手をはめ、型の側面を軽くポンポンと叩いて、完全に型から生地をはなしてからひっくり返してはずします。
➡ 型の予熱で焼き縮みを防ぐため、型からすぐに出してください。

⑮ 生地が熱いうちに紙をはがし、すぐ刷毛で底以外の面に⑬のポンシュを打ち、乾燥しないようにラップをしておきます。
➡ 熱いうちにポンシュ（シロップ）を打つのは、より細かく生地の中にポンシュを浸透させ、ふっくらしっとりとした歯ざわり、口当たりを得るためです。
➡ より長くしっとりとしたおいしい状態を保つためや、生地にしっかりした香りや味わいを与えるためにポンシュを打ちます。生地にとても個性的で印象的な歯ざわり、味わいがあるパウンドの場合には打たないこともあります。

➡ ポンシュを打つ場合は1日おいてから食べます。打ったばかりではポンシュが十分に吸収されず、味わいがしっくりしていません。1日たつと香り、味わい、食感に一体感が出ます。

✻ できあがり ✻

保存期間 **10** 日間くらい

保存期間と食べごろ

ポンシュを打ちラップに包んでおけば10日～半月ほどは十分においしさが長持ちします。ポンシュを打っていないものは種類にもよりますが、1週間ほどはおいしくいただけます。

✻

おいしさを損なわないための保存温度は15～20℃です。これ以下になるとデンプンから水分が抜け、老化して歯ざわりが少しずつかたくなったり、ザラつきが増すのが少し早まります。夏などは高温のところに長時間おくと、生地からバターが少しずつしみ出して、油っぽく芳ばしくない舌ざわり、味わいに変わってきます。涼しい時は原則として冷蔵庫には入れませんが、室温が25℃以上になる時は冷蔵庫に入れる方がよいでしょう。

くるみとレーズンのパウンドケーキ

舌の感情が豊かな人にとって、
あまりにも優雅で静かな味わいです。

■ 上口18cm×7cm、底17cm×6.5cm、高さ5cmのパウンド型　2本分

❉ 材料 ❉　[ ]内は1本分の分量です。

バター······················· 84g [42g]

キャソナッドゥ（赤砂糖）······· 90g [45g]

卵黄························· 90g [45g]

オリーブオイル··············· 10g [5g]

くるみa····················· 44g [22g]

＜A＞
トスキノチェロ
（くるみとヘーゼルナッツのお酒）···· 14g [7g]
ラム酒····················· 10g [5g]
レーズンを漬けたラム酒······· 10g [5g]
バニラエッセンス····· 8滴（0.6g）[4滴（0.3g）]

くるみb····················· 80g [40g]
ラム酒漬けレーズン··········· 100g [50g]

メレンゲ
卵白······················· 70g [35g]
キャソナッドゥ（赤砂糖）······· 32g [16g]

粉類
強力粉····················· 86g [43g]
ベーキングパウダー············· 1g [0.5g]
シナモンパウダー············· 0.8g [0.4g]

ポンシュ
ラム酒····················· 20g [10g]
レーズンを漬けたラム酒······· 60g [30g]

❉ 下準備 ❉

● ラム酒漬けレーズンを作ります。
（右参照。市販品でも可）

● バターをテリが出るくらい柔らかくしておきます。

● 卵白を涼しいところ（15℃くらい）に置いておきます。

● 型には必ず紙を敷いておきます。

● くるみaはフードプロセッサーにかけるか、包丁で刻んでペースト状にしておきます。

➡ くるみのペーストは生地にくるみの味わいと、しっとりホロっとした歯ざわりを与えるために加えます。

● くるみbは5mmくらいに砕いておきます。

➡ 包丁で刻むと小さなくずが出て、これが生地に混ざると味わいがにごるので手で砕いてください。

● トスキノチェロを1/2量になるまで煮詰めておきます。

● 21cmボウルを用意しておきます。

● 粉類は作る直前にふるっておきます。

● オーブンを予熱しておきます。
　🔥 ガス高速オーブン
　　170℃になってから10分
　〰 電子レンジオーブン
　　200℃で15分

ラム酒漬けレーズンの作り方

材料
ドライ・レーズン········ 適量
ラム酒················· 適量

① ドライ・レーズンを水で洗い、ゴミ、小枝などを取り除き、さらし布の上に広げてよく表面を乾燥させます。

② ガラスやホーローの密閉容器に入れ、ラム酒をヒタヒタになるまで入れます。最低3か月漬けこみます。

➡ 長時間漬けるとレーズンの旨味とラム酒が深い味わいを作り出します。漬ける時間が短いとラムの辛さが抜けません。

↓

➡ 10℃くらいのところで2年間くらいは保存可能です。

くるみとレーズンのパウンドケーキ

❋ 作り方 ❋

❶ バターを少しテリのある柔らかめのポマード状にします。
（P19「オレンジのパウンドケーキ」作り方❶参照）

❷ キャソナッドゥを5回に分けて加えます。
1回加えるごとにキャソナッドゥの粒が見えなくなってから50回ずつ、【円】で10秒に12〜13回の速さで混ぜます。
⇒ バターの生地がかたくなってきたら、そのつどボウルの底を軽く弱火にかけて混ぜやすい柔らかさにしてください。
☆ 工程❻までは【円】で同様の速さで混ぜます。

❸ 卵黄を5回に分けて加えます。
卵黄をよくほぐし、1回加えるごとに卵黄とバターがほぼ混ざってから、50回ずつ混ぜます。
⇒ バターの生地がかたくなってきたら、そのつどボウルの底を軽く弱火にかけて混ぜやすい柔らかさにしてください。
⇒ 次に加えるオリーブオイルで急速に柔らかくなるので、ここでのバターの生地は、手にしっかりした手応えを感じるくらいのかたさにしてください。

❹ オリーブオイルを2回に分けて加え、50回ずつ混ぜます。

❺ ペースト状のくるみを、❹のバターの生地でのばしてから❹に加え混ぜます。

❻ ＜A＞の1/2量を3回に分けて加え、50回ずつ均一になるまで混ぜます。21cmボウルに移しかえます。
⇒ ここで酒類を一度に加えてしまうと、メレンゲを泡立てている間に分離してしまうので、残りは工程❾で加えます。

❼ 砕いたくるみ、ラム酒漬けレーズンを一度に加え、均一になるまで混ぜます。

❽ メレンゲを作ります。
深大ボウルに卵白を入れ、キャソナッドゥの1/3量を加え、ハンドミキサー（ビーター2本）の速度2番で1分→速度3番で1分30秒泡立てます。残りのキャソナッドゥを加え、さらに速度3番で1分泡立てます。

❾ ❼に＜A＞の残りを一度に加え、【円】で均一になるまで混ぜます。
➡ 残りの酒類を加えるとバターの生地はメレンゲを混ぜるのにちょうどよい柔らかさになります。

❿ メレンゲを2回に分けて加えます。
❽のメレンゲを1すくい加え、【90度】でメレンゲをつぶさないように10秒に12〜13回の速さでゆっくりめに混ぜ、全体に散らします。次に【平行楕円】で15〜16回強めによく混ぜ、生地を均一にのばします。
残りのメレンゲをすべて加え、再び【90度】でメレンゲを50％の混ざりまで混ぜます。
☆ ここから最後までメレンゲの泡をつぶさないように、【90度】で10秒に12〜13回の速さで混ぜます。

⓫ 粉類を5回に分けて加えます。
80％の混ざりで次の粉を加えます。3回目の粉を加え80％くらい混ざったら、ゴムべらでボウルのまわりをはらい、残り2回を加えます。全量を加え粉がほぼ見えなくなったら、ゴムべらでボウルのまわりをはらい、さらに50回混ぜます。

⓬ 用意しておいた型2本に生地を均等に流し入れ、両端を少し高くしてオーブンで焼きます。

🔥 ガス高速オーブン	〰️ 電子レンジオーブン
160℃で20分	180℃で20分
↓	↓
奥手前を入れかえて	上下段を入れかえて
15〜20分	15〜20分

↓ 焼き上がり

⓭ ポンシュの材料をボウルに入れ、混ぜます。

⓮ 焼き上がったら、型に入れたまますぐに上面に刷毛で⓭のポンシュを打ち、型からはずします。上下を返して（焼成時の底面が上）、網にのせ紙をはがし、残りのすべての面にもポンシュを打ち、ラップでぴったり包みます。

➡ ポンシュの量はかなり多めですが、これにより2週間くらいはしっとりとしたおいしさが保てます。

❉ できあがり ❉

保存期間　2　週間くらい

マーブルのパウンドケーキ

本当に素朴なのです。なんのてらいもありません。
ゆったりと暖かいオレンジが、素朴なチョコレートと語り合います。

コンパウンド・オレンジはなければ加えなくてもかまいませんが、
オレンジの香りでより印象的な味わいになります。

ⓐ クグロフ型 | 直径16cmクグロフ型　1台分
ⓑ パウンド型 | 上口18cm×7cm、底17cm×6.5cm、高さ5cmのパウンド型　2本分

❋ 材料 ❋　[ ]内は1本分の分量です。

	ⓐクグロフ型	ⓑパウンド型
バター	94g	170g [85g]
糖類		
グラニュー糖	33g	60g [30g]
キャソナッドゥ（赤砂糖）	22g	40g [20g]
卵黄	77g	140g [70g]
コンパウンド・オレンジ	3g	5g [2.5g]
バニラエッセンス	9滴 (0.7g)	16滴 (1.3g) [8滴 (0.6g)]
メレンゲ		
卵白	50g	90g [45g]
グラニュー糖a	6g	10g [5g]
グラニュー糖b	17g	30g [15g]
粉類		
薄力粉	83g	150g [75g]
ミルクパウダー	2g	4g [2g]
ベーキングパウダー	2g	4g [2g]
スイートチョコレート（カカオ分66%）	88g	160g [80g]

マーブルのパウンドケーキ

❀ 下準備 ❀

- バターをテリが出るくらい柔らかくしておきます。

- 卵白を涼しいところ（15℃くらい）に置いておきます。

- クグロフ型にバターを塗り、冷やしかためてから粉をふっておきます。パウンド型で作る場合には必ず紙を敷いておきます。

- スイートチョコレートを細かく刻み、40℃くらいの湯煎で溶かしておきます。

- 21cmボウルを用意しておきます。

- **粉類**は作る直前にふるっておきます。

- オーブンを予熱しておきます。
   ガス高速オーブン
  　　170℃になってから10分
  　電子レンジオーブン
  　　200℃で15分

ⓐクグロフ型　断面

❀ 作り方 ❀

❶ バターを少しテリのある柔らかめのポマード状にします。
（P19「オレンジのパウンドケーキ」作り方❶参照）

❷ 糖類を5回に分けて加えます。
グラニュー糖とキャソナッドゥを一緒にし、1回加えるごとに砂糖の粒が見えなくなってから50回ずつ、【円】で10秒に12〜13回の速さで混ぜます。

⇒ バターの生地がかたくなってきたら、そのつどボウルの底を軽く弱火にかけて混ぜやすい柔らかさにしてください。

☆ 工程❹までは【円】で同様の速さで混ぜます。

❸ 卵黄を5回に分けて加えます。
卵黄をよくほぐし、1回加えるごとに卵黄とバターがほぼ混ざってから、50回ずつ混ぜます。

⇒ バターの生地がかたくなってきたら、そのつどボウルの底を軽く弱火にかけて混ぜやすい柔らかさにしてください。

❹ コンパウンド・オレンジとバニラエッセンスを加え、均一になるまで混ぜます。21cmボウルに移しかえます。

❺ メレンゲを作ります。
深大ボウルに卵白とグラニュー糖aを入れ、ハンドミキサー（ビーター2本）の速度2番で1分→速度3番で1分30秒泡立てます。グラニュー糖bを加え、さらに速度3番で1分泡立てます。

❻ バターの生地の柔らかさを整えます。
弱火でボウルの底を温め、【円】または【平行楕円】で強めに混ぜます。少しテリが出て、手に重さをほとんど感じないくらいまで柔らかくします。

❼ **メレンゲを2回に分けて加えます。**
　❺のメレンゲを1すくい加え、【90度】でメレンゲをつぶさないように10秒に12〜13回の速さでゆっくりめに混ぜ、全体に散らします。次に【平行楕円】で15〜16回強めによく混ぜ、生地を均一にのばします。
　残りのメレンゲをすべて加え、再び【90度】でメレンゲを50％の混ざりまで混ぜます。
☆ ここから最後までメレンゲの泡をつぶさないように、【90度】で10秒に12〜13回の速さで混ぜます。

❽ **粉類を5回に分けて加えます。**
　80％の混ざりで次の粉を加えます。3回目の粉を加え80％くらい混ざったら、ゴムべらでボウルのまわりをはらい、残り2回を加えます。全量を加え粉がほぼ見えなくなったら、ゴムべらでボウルのまわりをはらい、さらに50回混ぜます。

❾ 湯煎で溶かしたスイートチョコレートに❽の132g（パウンド型2本分の場合は240g）を加え、だいたい均一になるまで混ぜます。
➡ **チョコレートが完全に混ざるまで混ぜると、生地がかたくしまります。**

❿ ❾のチョコの生地を❽の残りに加え、マーブル状にゴムべらで切るようにごく軽く混ぜます。
➡ **あまり混ぜすぎるとチョコレートの印象が弱くなります。**

⓫ 用意しておいたクグロフ型に、生地をチョコの多い部分と白い部分が交互になるようにすくい入れ、だいたい平らになるように軽くならし（パウンド型2本の場合は生地を均等に入れ、両端を少し高くして）オーブンで焼きます。

クグロフ型・パウンド型	
ガス高速オーブン	電子レンジオーブン
160℃で20分 ↓ 奥手前を入れかえて20分	180℃で20分 ↓ 上下段を入れかえて20分

↓ **焼き上がり**

⓬ 焼き上がったらすぐに型からはずし、ラップでぴったり包みます。
➡ **一晩たつと生地にしっとりホロッとした歯ざわりが出てきます。**

❋できあがり❋

ⓑ パウンド型　断面

保存期間　**1**　週間くらい

柚子のパウンドケーキ

日本の地に住む私達の心に、
いとも簡単にしっとりとしみ入るおいしさです。
それは柚子から私たちへの小さな語りかけなのです。

> 上白糖の芯のある甘みが柚子の味わいに芯を与えて、
> より印象的に焼き上がりました。

▌上口18cm×7cm、底17cm×6.5cm、高さ5cmのパウンド型　2本分

❖ 材料 ❖　[ ]内は1本分の分量です。

バター……………………………114g [57g]

糖類
├ キャソナッドゥ（赤砂糖）………44g [22g]
└ 上白糖…………………………44g [22g]

卵黄………………………………104g [52g]

オリーブオイル……………………20g [10g]

柚子ペーストa……………………110g [55g]

<A>
├ 日本酒…………………………20g [10g]
├ キルシュ…………………………10g [5g]
└ バニラエッセンス……8滴(0.6g) [4滴(0.3g)]

メレンゲ
├ 卵白……………………………86g [43g]
├ キャソナッドゥ（赤砂糖）………14g [7g]
└ 上白糖…………………………14g [7g]

粉類
├ 強力粉…………………………124g [62g]
├ ベーキングパウダー……………1.4g [0.7g]
└ ナツメグ…………………………0.4g [0.2g]

柚子ペーストb……………………76g [38g]

ポンシュ
├ 日本酒…………………………36g [18g]
├ 柚子ペースト……………………36g [18g]
├ 30°ボーメシロップ（P109参照）…18g [9g]
├ キルシュ…………………………18g [9g]
└ ホワイトラム……………………14g [7g]

❖ 下準備 ❖

● バターをテリが出るくらい柔らかくしておきます。

● 卵白を涼しいところ（15℃くらい）に置いておきます。

● 型にバターを塗り、冷やしかためてから粉をふっておきます。

● 21cmボウルを用意しておきます。

● 粉類は作る直前にふるっておきます。

● オーブンを予熱しておきます。
　ガス高速オーブン
　　170℃になってから10分
　電子レンジオーブン
　　200℃で15分

柚子のパウンドケーキ

❈ 作り方 ❈

❶ バターを少しテリのある柔らかめのポマード状にします。（P19「オレンジのパウンドケーキ」作り方❶参照）

❷ 糖類を3回に分けて加えます。キャソナッドゥと上白糖を一緒にし、1回加えるごとに砂糖の粒が見えなくなってから50回ずつ、【円】で10秒に12〜13回の速さで混ぜます。
⮕ バターの生地がかたくなってきたら、そのつどボウルの底を軽く弱火にかけて混ぜやすい柔らかさにしてください。
☆ 工程❻までは【円】で同様の速さで混ぜます。

❸ 卵黄を5回に分けて加えます。卵黄をよくほぐし、1回加えるごとに卵黄とバターがほぼ混ざってから、50回ずつ混ぜます。
⮕ バターの生地がかたくなってきたら、そのつどボウルの底を軽く弱火にかけて混ぜやすい柔らかさにしてください。
⮕ 次に加えるオリーブオイルで急速に柔らかくなるので、ここでのバターの生地は、手にしっかりとした手応えを感じるくらいのかたさにしてください。

❹ オリーブオイルを2回に分けて加え、50回ずつ混ぜます。

❺ 柚子ペーストaを一度に加え、均一になるまで混ぜます。さらに50回混ぜます。

❻ ＜A＞の1/2量を2回に分けて加え、50回ずつ均一になるまで混ぜます。
⮕ ここで酒類を一度に加えてしまうと、メレンゲを泡立てている間に分離してしまうので、残りは工程❽で加えます。

❼ メレンゲを作ります。深大ボウルに卵白を入れ、キャソナッドゥと上白糖のそれぞれ1/3量を加え、ハンドミキサー（ビーター2本）の速度2番で1分→速度3番で1分30秒泡立てます。残りのキャソナッドゥと上白糖を加え、さらに速度3番で1分泡立てます。

❽ ❻に＜A＞の残りを一度に加え、【円】で均一になるまで混ぜます。21cmボウルに移しかえます。
⮕ 残りの酒類を加えるとバターの生地はメレンゲを混ぜるのに丁度よい柔らかさになります。

❾ **メレンゲを2回に分けて加えます。**
❼のメレンゲを1すくい加え、【90度】でメレンゲをつぶさないように10秒に12〜13回の速さでゆっくりめに混ぜ、全体に散らします。次に【平行楕円】で15〜16回強めによく混ぜ、生地を均一にのばします。残りのメレンゲをすべて加え、再び【90度】でメレンゲを50%の混ざりまで混ぜます。

☆ ここから最後までメレンゲの泡をつぶさないように、【90度】で10秒に12〜13回の速さで混ぜます。

❿ **粉類を5回に分けて加えます。**
80%の混ざりで次の粉を加えます。3回目の粉を加え80%くらい混ざったら、ゴムべらでボウルのまわりをはらい、残り2回を加えます。全量を加え粉がほぼ見えなくなったら、ゴムべらでボウルのまわりをはらい、さらに50回混ぜます。

⓫ 用意しておいた型に、平口金をつけた絞り袋で生地約250gを絞り入れ、平らにします。この上に柚子ペーストb38gを周囲5mmくらい空けて絞り、さらに生地約80gを上に絞り入れます。あと1本も同様にして型に入れ、オーブンで焼きます。

🔥 ガス高速オーブン	〰 電子レンジオーブン
160℃で20分	180℃で20分
↓	↓
奥手前を入れかえて	上下段を入れかえて
15〜20分	15〜20分

↓ **焼き上がり**

⓬ ポンシュの材料をボウルに入れ、混ぜます。

⓭ 焼き上がったら、型に入れたまますぐに上面に刷毛で⓬のポンシュを打ち、型からはずします。上下を返して（焼成時の底面が上）、残りのすべての面にもポンシュを打ち、すぐにラップでぴったり包みます。

➡ 柚子の粒が上面にのるようにポンシュを打ってください。

➡ 冷めると生地は少し縮みます。縮むくらいにメレンゲが生きた生地の方がこのお菓子はおいしいです。

※ できあがり ※

保存期間 2 週間くらい

マンゴーのパウンドケーキ

太陽の恵みをいっぱいに浴びた豊かな甘みと、南の異国の息吹。
日頃は感じない心の裏側のどこかにある、懐かしく
太陽の光を垣間見せる味わいなのです。

| 上口18cm×7cm、底17cm×6.5cm、高さ5cmのパウンド型　2本分

❊ 材料 ❊　[　]内は1本分の分量です。

バター……………………………132g [66g]

糖類
グラニュー糖……………………22g [11g]
キャソナッドゥ(赤砂糖)…………22g [11g]

卵黄………………………………94g [47g]

オリーブオイル……………………10g [5g]

マンゴーピューレ…………………50g [25g]

バニラエッセンス………10滴(0.8g) [5滴(0.4g)]

メレンゲ
卵白………………………………54g [27g]
グラニュー糖……………………11g [6g]
キャソナッドゥ(赤砂糖)…………11g [6g]

粉類
強力粉……………………………124g [62g]
コーンスターチ…………………38g [19g]
ベーキングパウダー………………2g [1g]

ガルニチュール
ドライ・マンゴー…………………108g [54g]
グラニュー糖……………………22g [11g]
水…………………………………32g [16g]
キルシュ…………………………10g [5g]
レモン汁……………………………4g [2g]

❊ 下準備 ❊

● **ガルニチュール**のドライ・マンゴーを5mm角に切り、グラニュー糖、水、キルシュ、レモン汁に12時間以上漬けておきます。

● バターをテリが出るくらい柔らかくしておきます。

● 卵白を涼しいところ(15℃くらい)に置いておきます。

● 型には必ず紙を敷いておきます。

● 21cmボウルを用意しておきます。

● **粉類**は作る直前にふるっておきます。

● オーブンを予熱しておきます。
　　ガス高速オーブン
　　　170℃になってから10分
　　電子レンジオーブン
　　　200℃で15分

マンゴーのパウンドケーキ

マンゴーのピューレは、その酸の性質により、化学的に卵白の繊維を痛め焼き縮みしやすくなります。そのため少量しか加えられません。また粉も少ないマンゴーの味を包んで消してしまうので、あまり多く加えられません。
少ない粉を効率よく生地の中に混ぜ込むために、メレンゲの混ぜ方が大事です。他のパウンドケーキよりも注意深く丁寧に混ぜ込んでください。

✻ 作り方 ✻

❶ バターを少しテリのある柔らかめのポマード状にします。
（P19「オレンジのパウンドケーキ」作り方❶参照）

❷ 糖類を3回に分けて加えます。
グラニュー糖とキャソナッドゥを一緒にし、1回加えるごとに砂糖の粒が見えなくなってから70〜80回ずつ、【円】で10秒に12〜13回の速さで混ぜます。
⇒ バターの生地がかたくなってきたら、そのつどボウルの底を軽く弱火にかけて混ぜやすい柔らかさにしてください。
☆ 工程❻までは【円】で同様の速さで混ぜます。

❸ 卵黄を5回に分けて加えます。
卵黄をよくほぐし、1回加えるごとに卵黄とバターがほぼ混ざってから、50回ずつ混ぜます。
⇒ バターの生地がかたくなってきたら、そのつどボウルの底を軽く弱火にかけて混ぜやすい柔らかさにしてください。
⇒ 次に加えるオリーブオイルで急速に柔らかくなるので、ここでのバターの生地は、手にしっかりとした手応えを感じるくらいのかたさにしてください。

❹ オリーブオイルを2回に分けて加え、50回ずつ混ぜます。

❺ マンゴーピューレを一度に加え、均一になるまで混ぜます。さらに50回混ぜます。

❻ バニラエッセンスを加え、均一になるまで混ぜます。21cmボウルに移しかえます。

❼ メレンゲを作ります。
深大ボウルに卵白を入れ、グラニュー糖とキャソナッドゥのそれぞれ1/3量を加え、ハンドミキサー（ビーター2本）の速度2番で1分→速度3番で1分30秒泡立てます。残りのグラニュー糖とキャソナッドゥを加え、さらに速度3番で1分泡立てます。

❽ バターの生地の柔らかさを整えます。
弱火でボウルの底を温め、【円】または【平行楕円】で強めに混ぜます。かなりテリが出て、手に重さをほとんど感じないくらいまで柔らかくします。

❾ **メレンゲを4回に分けて加えます。**
　❼のメレンゲを1すくいずつ加え、【90度】でメレンゲをつぶさないように10秒に12〜13回の速さでゆっくりめに混ぜ、全体に散らします。3すくい目を加えたら、さらに【90度】でよく混ぜ、生地を均一にのばします。
　残り全部のメレンゲを加え、メレンゲを50％の混ざりまで混ぜます。
➡ 次に加える粉の量が少ないので、【平行楕円】は使いません。粉が均一に浸透するように、【90度】でメレンゲの泡をつぶさないように丁寧に混ぜて、メレンゲと同じ柔らかさにします。
☆ ここから最後までメレンゲの泡をつぶさないように、【90度】で10秒に12〜13回の速さで混ぜます。

❿ **粉類を5回に分けて加えます。**
　80％の混ざりで次の粉を加えます。3回目の粉を加え80％くらい混ざったら、ゴムべらでボウルのまわりをはらい、残り2回を加えます。全量を加え粉がほぼ見えなくなったら、ゴムべらでボウルのまわりをはらい、さらに50回混ぜます。

⓫ 漬けておいたドライ・マンゴーを手でよくほぐしながら加え、均一になるまで混ぜます。

⓬ 用意しておいた型2本に、生地を均等に流し入れ、両端を少し高くしてオーブンで焼きます。

ガス高速オーブン	電子レンジオーブン
160℃で20分	180℃で20分
↓	↓
奥手前を入れかえて	上下段を入れかえて
20〜25分	20〜25分

↓ **焼き上がり**

⓭ 焼き上がったらすぐに型からはずし、網にのせ粗熱をとります。粗熱がとれたら紙をはがしラップでぴったり包みます。

❈できあがり❈

保存期間 **1** 週間くらい

ジャンドゥージャのパウンドケーキ

ⓐトヨ型　│　8cm×24.5cm、高さ5.5cmのトヨ型　1本分
ⓑパウンド型　│　上口18cm×7cm、底17cm×6.5cm、高さ5cmのパウンド型　2本分

❋ 材料 ❋　[ ]内は1本分の分量です。

	ⓐトヨ型	ⓑパウンド型
バター	58g	90g [45g]
粉糖	38g	60g [30g]
卵黄	50g	78g [39g]
バニラエッセンス	6滴(0.5g)	10滴(0.8g) [5滴(0.4g)]
メレンゲ		
卵白	50g	78g [39g]
グラニュー糖a	8g	12g [6g]
グラニュー糖b	16g	26g [13g]
粉類		
強力粉	8g	12g [6g]
薄力粉	8g	12g [6g]
コーンスターチ	13g	20g [10g]
シナモンパウダー	1.6g	2.6g [1.3g]
ジャンドゥージャ	88g	138g [69g]
カカオバター	21g	32g [16g]
ヘーゼルナッツ	72g	112g [56g]
セミスイートチョコレート（カカオ分72％）	54g	84g [42g]
ガナッシュ・ジャンドゥージャ		
生クリーム	90g	180g [90g]
ジャンドゥージャ	120g	240g [120g]
飾り		
チョコスプレー	適量	適量
ローストしたヘーゼルナッツ	適量	適量

❋ 下準備 ❋

● バターをテリが出るくらい柔らかくしておきます。

● 卵白を涼しいところに（15℃くらい）に置いておきます。

● 型にバターを塗り、冷やしかためてから粉をふっておきます。

● ジャンドゥージャとカカオバターは湯煎で40℃に溶かしておきます。

● ヘーゼルナッツは、180℃のオーブンで15分前後、時々混ぜながらキツネ色にローストし、目の粗いザルなどの上で軽くこすって皮をとります。7mm角に刻んでおきます。

● セミスイートチョコレートを5mm角に刻んでおきます。

● 21cmボウルを用意しておきます。

● **粉類**は作る直前にふるっておきます。

● オーブンを予熱しておきます。
　∧ **ガス高速オーブン**
　　160℃になってから10分
　〜 **電子レンジオーブン**
　　190℃で15分

ジャンドゥージャ

深めに煎ったヘーゼルナッツと砂糖のペーストにミルクチョコレートを混ぜ込んでかためたもので既製のものです。溶かして使います。煎ったナッツと砂糖を焦がしたキャラメルをペースト状にしたものがプラリネです。

チョコレートはとても多感な素材です。
私の心のある部分をいつも強くこすりつけます。
そしてまた多感なアーモンドが、
人の歴史にさらなる多様性を与えるのです。

ジャンドゥージャのパウンドケーキ

❖ 作り方 ❖

❶ バターを少しテリのある柔らかめのポマード状にします。
（P19「オレンジのパウンドケーキ」作り方❶参照）

❷ 粉糖を5回に分けて加えます。
1回加えるごとに粉糖の粒が見えなくなってから70回ずつ、【円】で10秒に12～13回の速さで混ぜます。
━▶ バターの生地がかたくなってきたら、そのつどボウルの底を軽く弱火にかけて混ぜやすい柔らかさにしてください。
☆ 工程❹までは【円】で同様の速さで混ぜます。

❸ 卵黄を4回に分けて加えます。
卵黄をよくほぐし、1回加えるごとに卵黄とバターがほぼ混ざってから、70回ずつ混ぜます。
━▶ バターの生地がかたくなってきたら、そのつどボウルの底を軽く弱火にかけて混ぜやすい柔らかさにしてください。

❹ バニラエッセンスを加え、均一になるまで混ぜます。21cmボウルに移しかえます。

❺ メレンゲを作ります。
手付き中ボウルに卵白とグラニュー糖aを入れ、ハンドミキサー（ビーター1本）の速度2番で1分→速度3番で1分30秒泡立てます。グラニュー糖bを加え、さらに速度3番で1分泡立てます。
━▶ パウンド型2本分で作る場合は深大ボウルに入れ、ハンドミキサー（ビーター2本）で泡立てます。

❻ バターの生地の柔らかさを整えます。
弱火でボウルの底を温め、【円】または【平行楕円】で強めに混ぜます。少しテリが出て、手に重さをほとんど感じないくらいまで柔らかくします。

❼ メレンゲを2回に分けて加えます。
❺のメレンゲを1すくい加え、【90度】でメレンゲをつぶさないように10秒に12～13回の速さでゆっくりめに混ぜ、全体に散らします。
次に【平行楕円】で15～16回強めによく混ぜ、生地を均一にのばします。
残りのメレンゲをすべて加え、再び【90度】でメレンゲを50%の混ざりまで混ぜます。
☆ ここから最後までメレンゲの泡をつぶさないように、【90度】で10秒に12～13回の速さで混ぜます。

❽ 粉類を3回に分けて加えます。
80%の混ざりで次の粉を加えます。全量を加え粉がほぼ見えなくなったら、ゴムべらでボウルのまわりをはらい、さらに50回混ぜます。

❾ 40℃に調整しておいたジャンドゥージャとカカオバターを3回に分けて加えます。それぞれ均一になるまで混ぜます。

⑩ 刻んだヘーゼルナッツを3回、セミスイートチョコレートを2回に分けて加え、それぞれ均一に散るまで混ぜます。

⑪ 用意しておいたトヨ型に生地を全部流し入れ（パウンド型2本の場合は生地を均等に入れ）、両端を少し高くしてオーブンで焼きます。

（トヨ型）

ガス高速オーブン	電子レンジオーブン
150℃で30分 ↓ 左右を入れかえて 25分〜30分	170℃で 55〜60分

（パウンド型）

ガス高速オーブン	電子レンジオーブン
150℃で20分 ↓ 奥手前を入れかえて 25分	170℃で20分 ↓ 上下段を入れかえて 25分

↓ 焼き上がり

⑫ 焼き上がったらすぐに型からはずし、ラップで包み20℃くらいまで冷まします。

⇨ 完全に冷まさないとガナッシュをかけた時、薄くなりすぎ、またかたまりません。

⑬ ガナッシュ・ジャンドゥージャを作ります。
生クリームを鍋に入れ軽く沸騰させ、細かく刻んだジャンドゥージャに加えホイッパーで混ぜます。ホイッパーの跡が残るくらいの柔らかさにします。

⑭ 冷めたら⑬のガナッシュを全体にかけ、4辺のすそにチョコスプレーをつけます。上にローストしたヘーゼルナッツを飾ります。

❋できあがり❋

保存期間 *10* 日間くらい

くるみのパウンドケーキ

優しく屈託のないくるみの表情が
嬉しく軽やかにはずみます。

| 上口18cm×7cm、底17cm×6.5cm、高さ5cmのパウンド型　2本分

❈ 材料 ❈　［　］内は1本分の分量です。

バター･････････････････････ 100g ［50g］

グラニュー糖･･････････････ 70g ［35g］

卵黄････････････････････････ 48g ［24g］
全卵････････････････････････ 60g ［30g］

強力粉a･･････････････････ 40g ［20g］

塩･･･････････････････････････ 0.8g ［0.4g］

生クリーム･････････････････ 40g ［20g］
バニラエッセンス････････ 10滴(0.8g) ［5滴(0.4g)］

強力粉b･･････････････････ 48g ［24g］
ベーキングパウダー･････････ 4g ［2g］

くるみ････････････････････ 200g ［100g］

メレンゲ
卵白･･････････････････････ 110g ［55g］
グラニュー糖･･････････････ 30g ［15g］

アプリコットジャム･････････････ 適量

グラス
粉糖･･････････････････････ 86g ［43g］
水･････････････････････････ 16g ［8g］
トスキノチェロ･･････････････ 12g ［6g］
（くるみとヘーゼルナッツのお酒）
バニラエッセンス･･･････ 3滴(0.2g) ［2滴(0.1g)］

飾り
くるみ･････････････････････ 10個 ［5個］

❈ 下準備 ❈

● アプリコットジャムを作ります。
（P109 参照。市販品でも可）

● バターをテリが出るくらい柔らかくしておきます。

● 卵白を涼しいところ（15℃くらい）に置いておきます。

● 型には必ず紙を敷いておきます。

● くるみ200gを5mm角に刻んでおきます。

● 21cmボウルを用意しておきます。

● 強力粉aと、強力粉b＋ベーキングパウダーはそれぞれ作る直前にふるっておきます。

● オーブンを予熱しておきます。
　　ガス高速オーブン
　　　160℃になってから10分
　　電子レンジオーブン
　　　190℃で15分

くるみのパウンドケーキ

❊ 作り方 ❊

❶ **バターを少しテリのある柔らかめのポマード状にします。**
（P19「オレンジのパウンドケーキ」作り方❶参照）

❷ **グラニュー糖を3回に分けて加えます。**
1回加えるごとにグラニュー糖の粒が見えなくなってから50回ずつ、【円】で10秒に12～13回の速さで混ぜます。
⇒ バターの生地がかたくなってきたら、そのつどボウルの底を軽く弱火にかけて混ぜやすい柔らかさにしてください。
☆ 工程❸までは【円】で同様の速さで混ぜます。

❸ **卵を加えます。**
卵黄と全卵をよくほぐしたものを5回に分けて加えます。ここではそのうちの3回を加えます。1回加えるごとに卵とバターがほぼ混ざってから、50回ずつ混ぜます。
⇒ バターの生地がかたくなってきたら、そのつどボウルの底を軽く弱火にかけて混ぜやすい柔らかさにしてください。
⇒ この時点で卵がかなり入るので少し分離がみられますが、粉を入れた時点で吸収されるので大丈夫です。

❹ **強力粉aを加えます。**
卵を3回加えたら強力粉aを一度に加え【平行楕円】で混ぜます。粉がほぼ見えなくなったら、ゴムべらでボウルのまわりをはらい、さらに40～50回混ぜます。
☆ 工程❻までは【平行楕円】で混ぜます。

❺ 塩を加え均一になるまで混ぜ、卵の残り2回を加え、40～50回ずつ混ぜます。

❻ 生クリームとバニラエッセンスを2回に分けて加え、40～50回ずつ混ぜます。21cmボウルに移しかえます。

❼ **強力粉bとベーキングパウダーを3回に分けて加えます。**
【90度】で手早く混ぜます。80%の混ざりで次の粉を加えます。全量を加え粉がほぼ見えなくなったら、ゴムべらでボウルのまわりをはらい、さらに50回混ぜます。
⇒ ここでは粉は【90度】で混ぜます。グルテン、デンプンを過度に作らないためです。

❽ 刻んだくるみを加え、【90度】で均一に散るまで混ぜます。

⑨ **メレンゲを作ります。**
深大ボウルに卵白とグラニュー糖を入れ、ハンドミキサー（ビーター2本）の速度2番で1分→速度3番で2分泡立てます。

⑩ **バターの生地の柔らかさを整えます。**
弱火でボウルの底を温め、【円】または【平行楕円】で強めに混ぜ、ほぼ手に重さを感じないくらいまで柔らかくします。

➥ くるみが多量に入るので、バターがかなり柔らかめでも手には少し重さが感じられます。

⑪ **メレンゲを4回に分けて加えます。**
⑨のメレンゲを1すくいずつ加え、【90度】でメレンゲをつぶさないように10秒に12～13回の速さでゆっくりめに混ぜ、全体に散らします。3すくい目を加えたら、【平行楕円】でよく混ぜ、生地を均一にのばします。
残り全部のメレンゲを加え、再び【90度】でメレンゲが完全に見えなくなるまで混ぜ、ゴムべらでボウルのまわりをはらい、さらに少しゆっくりと30回混ぜます。

⑫ 用意しておいた型2本に生地を均等に流し入れ、両端を少し高くしてオーブンで焼きます。

ガス高速オーブン	電子レンジオーブン
150℃で25分	170℃で25分
↓	↓
奥手前を入れかえて 170℃で 10～15分	上下段を入れかえて 190℃で 10～15分

↓ **焼き上がり**

➥ 卵白のソフトさを生かした生地なので、串につかなくなってから3分ほどで早めに出します。焼き上がりは型よりかなり大きく上と横にふくれます。また冷めてから横が少しちぢむくらいがソフトさが生きておいしいです。焼き色は薄めです。

⑬ 焼き上がったらすぐに型からはずし、網にのせて粗熱をとります。粗熱がとれたら紙をはがし、底以外の面に熱して少し煮詰めたアプリコットジャムを刷毛で塗り、指につかなくなるまで少し置きます。

⑭ **グラス**の材料をボウルに入れ、混ぜます。

⑮ 表面のジャムが乾いたら、底以外の面に刷毛で⑭のグラスを薄く塗り、網の上で余分なグラスを落とします。
オーブンに入れ表面を乾燥させます。生地の角に小さな泡が1つ2つ立ってきたらすぐにオーブンから出し、白いグラスがほぼ透明になるまで冷まします。

ガス高速オーブン	電子レンジオーブン
230℃で 1分30秒～2分	250℃で 上段で2～3分

➥ これ以上長くオーブンに入れておくとグラスが溶けて泡立ち、汚くなってしまいます。

⑯ 四隅と中央にくるみを飾ります。

✤ **できあがり** ✤

保存期間 *1* 週間くらい

ココナッツのパウンドケーキ

サクサクッ、ホロホロッとした歯ざわりに、
ココナッツの懐かしさに満ちた甘い香りが重なります。
時間から解放された南の国の風を感じます。

■ 上口18cm×7cm、底17cm×6.5cm、高さ5cmのパウンド型　2本分

バターが加えられていないので、本当はパウンドケーキとはいえませんが…。
とてもおいしくできたのでご紹介します。

✽ 材料 ✽　[　]内は1本分の分量です。

- 卵黄 ……………………… 65g [33g]
- グラニュー糖 …………… 38g [19g]
- 蜂蜜（菩提樹）………… 10g [5g]

- ココナッツミルクパウダーa … 38g [19g]
- ココナッツファイン …… 25g [13g]
- ココナッツピューレ …… 15g [8g]
- バニラエッセンス ……… 4滴(0.3g) [2滴(0.2g)]

- メレンゲ
  - 卵白 …………………… 165g [83g]
  - グラニュー糖 ………… 50g [25g]

- ヘーゼルナッツパウダー … 75g [38g]

- 粉類
  - 強力粉 ………………… 50g [25g]
  - ベーキングパウダー … 5g [2.5g]
  - シナモンパウダー …… 1.5g [0.8g]

- アーモンドパウダー …… 75g [38g]

- アーモンドダイスa …… 30g [15g]

- ココナッツロングa …… 25g [13g]

- 仕上げ
  - アーモンドダイスb …… 8g [4g]
  - ココナッツロングb …… 8g [4g]
  - ココナッツミルクパウダーb … 適量
  - 粉糖 …………………… 適量

✽ 下準備 ✽

● 卵白を涼しいところ（15℃くらい）に置いておきます。

● 型には必ず紙を敷いておきます。

● ヘーゼルナッツパウダーとアーモンドパウダーを180℃のオーブンで15分前後、よく混ぜながら薄いキツネ色にローストしておきます。

ヘーゼルナッツパウダー
ロースト前 → ロースト後

アーモンドパウダー
ロースト前 → ロースト後

● ココナッツロングaは5mmに刻んでおきます。

● ココナッツロングbは1cmに刻んでおきます。

● 粉類は作る直前にふるっておきます。

● オーブンを予熱しておきます。

　ガス高速オーブン
　170℃になってから10分

　電子レンジオーブン
　200℃で15分

ココナッツのパウンドケーキ

❋ 作り方 ❋

❶ 卵黄、グラニュー糖、蜂蜜を手付き中ボウルに入れ、ハンドミキサー（ビーター1本）の速度3番で1分30秒泡立てます。

❷ ココナッツミルクパウダーa、ココナッツファイン、ココナッツピューレ、バニラエッセンスを加え、速度3番で5秒混ぜます。

❸ メレンゲを作ります。
深大ボウルに卵白を入れ、グラニュー糖の1/2量を加え、ハンドミキサー（ビーター2本）の速度2番で1分→速度3番で1分30秒泡立てます。残りのグラニュー糖を加え、さらに速度3番で1分泡立てます。
⇒ あまりメレンゲをかたくすると混ざりが悪くなります。

❹ ❸のメレンゲに❷を一度に加え、【エキュモワール】（右頁参照）で80％の混ざりまで混ぜます。
⇒ 生地がかためなので、ゆっくり混ぜないとメレンゲの泡がつぶれてしまうので注意してください。
☆ ここから最後まで【エキュモワール】で混ぜます。

❺ ヘーゼルナッツパウダーを3回に分けて加えます。
1回加えるごとに80％の混ざりまで混ぜます。

❻ 粉類を3回に分けて加えます。
1回加えるごとに80％の混ざりまで混ぜます。

❼ アーモンドパウダーを3回に分けて加えます。
1回加えるごとに80％の混ざりまで混ぜます。全量加えたら粉が見えなくなるまで混ぜ、ゴムべらでボウルのまわりをはらいます。

❽ アーモンドダイスaを加え5回混ぜ、ココナッツロングaを加え5回混ぜます。さらに5回混ぜます。
⇒ 様々なものが多量に入るので、メレンゲの量はかなり減った生地になります。

⑨ 用意しておいた型2本に生地を均等に流し入れ、両端を少し高くします。**仕上げ**のアーモンドダイスb、ココナッツロングbをふりかけます。さらにココナッツミルクパウダーb、粉糖を十分にふりかけてオーブンで焼きます。

ガス高速オーブン	電子レンジオーブン
160℃で15分 ↓ 奥手前を入れかえて 10〜15分	180℃で15分 ↓ 上下段を入れかえて 10〜15分

↓ **焼き上がり**

⑩ 焼き上がったらすぐに型からはずし、網にのせて粗熱をとります。粗熱がとれたら紙をはがし、ラップには包まないで保存します。

❈ **できあがり** ❈

保存期間 **10** 日間くらい

エキュモワールについて

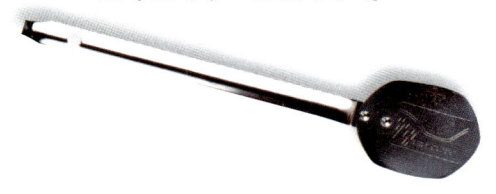

エキュモワールはメレンゲの泡をつぶさずに混ぜられるイル・プルーオリジナルの器具です。混ぜるだけでなく、先の刃と柄の部分でメレンゲを小さく切り分ける機能もあるので、かたく泡立ったメレンゲもつぶすことなくきれいに混ぜることができます。
イル・プルーのホームページからもご購入ができます。(P118 参照)

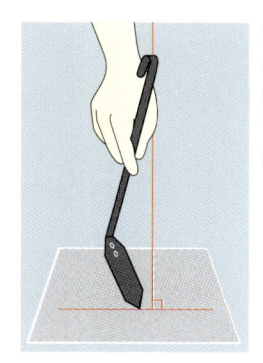

持ち方
エキュモワールはペンを持つように人さし指と親指と中指で持ち、ボウルの底に対して、刃の先と持っている部分を結んだ線が垂直になるようにします。

混ぜ方
① 先のとがった部分をボウルの奥側に入れます。

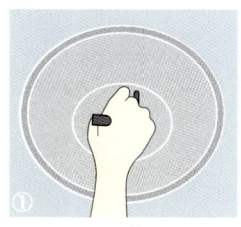

② ボウルの中心を通しながら、手前の側面までまっすぐに引きます。同時に左手でボウルを手前に1/6回転させます。

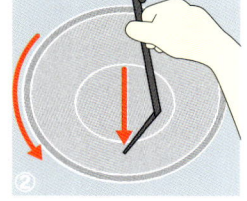

③ 刃の先端でボウルの手前の側面をなぞりながら、半分くらいの高さまでこすりあげます。
＊刃の向きは常に進行方向と平行でなければなりません。平行であれば刃がメレンゲを切り分けるだけで、メレンゲの泡はつぶれません。

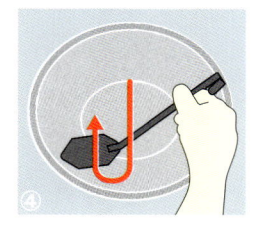

④ ボウルの手前の側面に半分ほどこすりあげて刃を抜き、刃の裏側が上を向くように返します。

⑤ 刃の裏面が完全に見えたら①に戻り、くり返します。

2

Le cake à mélanger par ordre les ingrédients
共立て法で作るパウンドケーキ

　共立て法での作り方は、大まかに言えばバターに砂糖、卵をよく混ぜながら加えていき、最後に粉を混ぜ合わせる作り方です。

　もちろん素材の配合により味わいは様々のものがありますが、それぞれの素材の同じ配合のものを1つは共立てにして、もう1つは別立てにしてメレンゲを混ぜ込むと、別立ての方がスダチができ、少し腰高に焼き上がり、より軽い優しい歯ざわりをもった味わいになります。共立ての方はスダチはほとんどなく、平らな切り口になります。スダチがない分、ふんわりとした軽さはありませんが、共立てで作っても配合によってはよりしっとりとしたホロッと優しく崩れる歯ざわりになります。

　別立てと違いメレンゲが入らない分、始めに入れる卵の量が多くなります。メレンゲを泡立てて混ぜることがないので、別立て法より工程は少なくなり作りやすくなります。

百花蜜のパウンドケーキ

数知れぬ花々の陽の光との語らいに、
身体も心も力に満たされる味わいです。
自分のすべてが確かに覆いつくされるのです。

基本のレシピ 2
百花蜜のパウンドケーキ

上口18cm×7cm、底17cm×6.5cm、
高さ5cmのパウンド型　2本分

❀ 材料 ❀　[　]内は1本分の分量です。

| バター | 201g [101g] |

糖類
- カソナッド（赤砂糖）……… 83g [42g]
- 景糖 ……… 31g [16g]

- 蜜（百花蜜）……… 83g [42g]

- 卵黄 ……… 73g [37g]
- 全卵 ……… 73g [37g]

- バニラエッセンス ……… 15滴(1.2g) [8滴(0.6g)]
- バーズキャラメル ……… 15g [8g]

粉類
- 薄力粉 ……… 73g [37g]
- コーンスターチ ……… 64g [32g]
- ベーキングパウダー ……… 2.6g [1.3g]
- シナモンパウダー ……… 1.3g [0.7g]

ポンシュ
- 蜜（百花蜜）……… 50g [25g]
- コニャック ……… 43g [22g]

❀ 下準備 ❀

● バターは5mmの薄さに切り、18cmボウルに重ならないように入れ、25℃くらいの所に置いておきます。指で押してみてサッと入るくらいの柔らかさにしておきます。
⇛ トロトロに柔らかくしてしまうと、卵などを入れた時に分離しやすくなるので注意してください。
⇛ 少し小さめのボウルの方が、バターに砂糖や卵が効率よく混ざります。

● バーズキャラメルを作ります。(P109参照)

● 型に紙を敷いておきます。または型にバターを塗り、冷やしかためてから粉をふっておきます。(P12参照)

● 生地を移しかえるための21cmボウルを用意しておきます。

● 粉類は一度手でよく混ぜてから、生地を作り始める直前にふるっておきます。
⇛ 特に湿度の高い時などは、ふるってから時間がたつと粉の粒子がくっつき、バターの生地への混ざりが悪くなります。

● オーブンを予熱しておきます。
　ガス高速オーブン
　　170℃になってから10分
　電子レンジオーブン
　　200℃で15分

❋ 作り方 ❋

❶ バターをポマード状にします。
柔らかくしたバターをホイッパー【円】(P10参照)で混ぜられるくらい、少しだけ手に重さを感じるくらいの柔らかめのポマード状になるまで混ぜます。バターがかなりかための場合は、ボウルの底を弱火で少し温め、混ざりやすい柔らかさにします。

▶ 少しコシがあって少しテリが出るくらいの柔らかめが目安です。まだここでは柔らかすぎてはいけません。砂糖、卵を加えながら少しずつ柔らかくクリーミーにしていきます。

❷ 糖類を5回に分けて加えます。
キャソナッドゥと黒糖を一緒にし、1回加えるごとに砂糖の粒が見えなくなってから50回ずつ、【円】で10秒に12～13回くらいの比較的ゆっくりとした速さで混ぜます。途中でバターがかたくなって、ホイッパーをまわす手が重くなってきたら、ボウルの底を弱火で少し温め、混ざりやすい柔らかさにします。逆に室温が高かったり、混ぜ込む素材が温まっていて柔らかくなりすぎた場合には、氷水にあて混ざりやすい柔らかさにしめます。
☆工程❺までは【円】で同様の速さで混ぜます。

▶ 糖類はそれぞれに記されている回数に従って分けて加え、真っ白く泡立たないように混ぜてください。少し白くなるのはかまいませんが、あまり真っ白く泡立つとそれぞれの素材が混ざりすぎて、素材の特徴が失われて平坦な味わいになる傾向があります。

❸ 蜂蜜を2回に分けて加え、50回ずつ混ぜます。

❹ 卵を5～6回に分けて加えます。
卵黄と全卵をよくほぐし、1回加えるごとに卵とバターがほぼ混ざってから、50回ずつ混ぜます。

▶ バターの生地がかたくなってきたら、そのつどボウルの底を軽く弱火にかけて混ぜやすい柔らかさにしてください。

←すべての卵を加えた状態

❺ バニラエッセンスとバーズキャラメルを混ぜたものを一度に加え、均一になるまで混ぜます。21cmボウルに移しかえます。

● この段階で多量のキャラメルやオリーブオイルが加えられる場合があります。この場合、バーズキャラメルに含まれる乳脂肪やオイルで急に生地が柔らかくなります。そのためこれらのものを加える前のバターの生地は少し手に重さを感じるくらいのしっかりした状態にしておくことが大切です。

❻ バターの生地の柔らかさを整えます。
少しテリが出てなめらかになったが、手に軽い手応えを感じるくらいまで加熱して柔らかくします。弱火でボウルの底を温め、【円】または木べら【平行楕円】（P 11参照）で強めに混ぜます。これをくり返します。少しかためでしっかりした柔らかさです。

● 粉類を混ぜ込む前のバターの生地が、別立て法と同じくらい柔らかいと、グルテンも形成されず、デンプンも十分に混ざらず生地が分離しやすくなります。焼き縮みや重すぎる歯ざわりの原因にもなります。
逆にかたすぎると、粉の混ざりが不十分になり、ザラつきの強い生地に焼き上がります。

❼ 粉類を5回に分けて加えます。
木べら【90度】（P 10参照）で混ぜます。10秒に20回の速さで、手早く、強くボウルの底を「タンタンタン」とたたくように混ぜます。80％の混ざりで次の粉を加え、同様に混ぜます。3回目の粉を加え80％くらい混ざったら、ゴムべらでボウルのまわりをはらい、残り2回の粉を加え同様に混ぜます。

全量加えたら粉が見えなくなるまで混ぜ、ゴムべらでボウルのまわりをはらい、木べらを持つ手にしっかりと力を入れ、さらに60回混ぜます。

● 共立ての生地はかなり粘りがあるので、強く手早く混ぜないとよくのびず粉が浸透していきません。

←混ぜ終わりの状態
粉が十分にバターの中に浸透して手にしっかりした手応えがあり、とてもなめらかになっています。

❽ 型に入れて焼きます。
用意しておいた型2本にゴムべらなどで生地を均等に流し入れ、両端を少し高くしてオーブンに入れます。

ガス高速オーブン	電子レンジオーブン
160℃で20分	180℃で20分
↓	↓
奥手前を入れかえて	上下段を入れかえて
15～20分	15～20分

● 柔らかいけれどしっかりした弾力を手に感じるまで、または割れ目にしっかり焼き色がつくまで焼きます。

● 自信がない場合は、竹串をさしてみて何もつかなくなってから、さらにオーブンに5分置いて出します。

←焼き上がり

❾ ポンシュの材料をボウルに入れ、混ぜておきます。

❿ 型からはずします。
焼き上がったらすぐに型からはずします。軍手をはめ、型の側面を軽くポンポンと叩いて、完全に型から生地をはなしてからひっくり返してはずします。

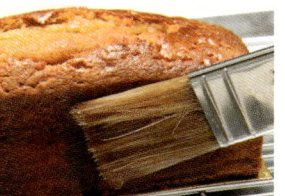

⓫ 生地が熱いうちに紙をはがし、すぐ刷毛で底以外の面に❾のポンシュを打ち、乾燥しないようにラップをしておきます。

❈ できあがり ❈

百花蜜

フランス・プロヴァンスの蜂蜜を使用しています。百花蜜とは様々の花から集められた蜜で、香り、味わいがとても力強く圧倒する味わいです。百花蜜に対し、ほぼ1種類の花から集められた蜜を単花蜜といいます。

保存期間　*2* 週間くらい

ナッツのパウンドケーキ

いっぱいのナッツ、楽しさそのもののざわめきを
ヘーゼルナッツのプラリネがふっくらと暖かく支えます。
そう、こんな幸せな時のために人生はある、そんな嬉しさです。

┃ 上口18cm×7cm、底17cm×6.5cm、高さ5cmのパウンド型　2本分

❀ 材料 ❀　[ ]内は1本分の分量です。

バター	146g	[73g]
キャソナッドゥ（赤砂糖）	98g	[49g]
蜂蜜（菩提樹）	32g	[16g]
┌ 全卵	72g	[36g]
└ 卵黄	54g	[27g]
プラリネ・ノワゼットゥ （ヘーゼルナッツのプラリネ）	82g	[41g]
┌ 塩	2.4g	[1.2g]
└ バニラエッセンス	20滴(1.6g)	[10滴(0.8g)]
ラム酒	32g	[16g]
粉類		
┌ コーンスターチ	42g	[21g]
│ 薄力粉	24g	[12g]
│ 強力粉	22g	[11g]
│ シナモンパウダー	2g	[1g]
└ ベーキングパウダー	1.6g	[0.8g]
ナッツ類		
┌ 皮むきアーモンド	130g	[65g]
│ ヘーゼルナッツ	98g	[49g]
└ くるみ	64g	[32g]

❀ 下準備 ❀

● 皮むきアーモンドとヘーゼルナッツは、それぞれ180℃のオーブンで15分前後、時々混ぜながらキツネ色にローストします。ヘーゼルナッツは目の粗いザルなどの上で軽くこすって皮をとります。
アーモンド1/4量、ヘーゼルナッツ1/3量、くるみ1/4量を、半分か1/3くらいの大きさに粗刻みします。残りは合わせてフードプロセッサーにかけて、大きいもので5mmくらいに細かくし、ナッツ類すべてを合わせておきます。

➡ ヘーゼルナッツの皮は少し残っていてもかまいません。
➡ フードプロセッサーにかける分は粉末に近いくらいに細かく挽いてください。これが加えられないと個性的なホロッとした歯ざわりと香り、味わいが得られません。

ローストした皮むきアーモンド

ローストしたヘーゼルナッツ

フードプロセッサーにかけたナッツ類

● バターをテリが出るくらい柔らかくしておきます。

● 型には必ず紙を敷いておきます。

● 21cmボウルを用意しておきます。

● 粉類は作る直前にふるっておきます。

● オーブンを予熱しておきます。
　　ガス高速オーブン
　　　170℃になってから10分
　　電子レンジオーブン
　　　200℃で15分

ナッツのパウンドケーキ

❋ 作り方 ❋

❶ バターを少しテリのある柔らかめのポマード状にします。
（P19「オレンジのパウンドケーキ」作り方❶参照）

❷ キャソナッドゥを5回に分けて加えます。
1回加えるごとにキャソナッドゥの粒が見えなくなってから50回ずつ、【円】で10秒に12〜13回の速さで混ぜます。
➥ バターの生地がかたくなってきたら、そのつどボウルの底を軽く弱火にかけて混ぜやすい柔らかさにしてください。
☆ 工程❻までは【円】で同様の速さで混ぜます。

❸ 蜂蜜を一度に加え、均一になるまで混ぜます。

❹ 卵を5回に分けて加えます。
卵黄と全卵をよくほぐし、1回加えるごとに卵とバターがほぼ混ざってから、50回ずつ混ぜます。
➥ バターの生地がかたくなってきたら、そのつどボウルの底を軽く弱火にかけて混ぜやすい柔らかさにしてください。

❺ プラリネ・ノワゼットゥ、塩、バニラエッセンスを加え、均一になるまで混ぜます。
➥ プラリネがかたい時は生地で一度のばしてから加えてください。

❻ ラム酒の1/3量を2回に分けて加え、均一になるまで混ぜます。21cmボウルに移しかえます。
➥ ここでラム酒を一度に加えてしまうと、柔らかくなりすぎて粉の入りが悪くなるため、残りは工程❾で加えます。

❼ **バターの生地の柔らかさを整えます。**
弱火でボウルの底を温め、【円】または【平行楕円】で強めに混ぜ、ほんの少しテリがあり、軽いがしっかりした手応えを感じるくらいまで柔らかくします。

❽ **粉類を5回に分けて加えます。**
【90度】で10秒に20回の速さで手早く、強くボウルの底を「タンタンタン」とたたくように混ぜます。80%の混ざりで次の粉を加えます。
3回目の粉を加え80%くらい混ざったら、ゴムべらでボウルのまわりをはらい、残り2回を加えます。全量を加え粉がほぼ見えなくなったら、ゴムべらでボウルのまわりをはらい、さらに50回混ぜます。

❾ 合わせておいた**ナッツ類**の1/3量を加え、残りのラム酒の1/3量をその上にかけるように加え、【平行楕円】で混ぜます。あと2回くり返し、十分に均一になるまで混ぜます。

❿ 用意しておいた型2本に、生地を均等に流し入れ、両端を少し高くしてオーブンで焼きます。

ガス高速オーブン	電子レンジオーブン
160℃で20分	180℃で20分
↓	↓
奥手前を入れかえて	上下段を入れかえて
20〜25分	20〜25分

↓ **焼き上がり**

⓫ 焼き上がったらすぐに型からはずし、網にのせ粗熱をとります。粗熱がとれたら紙をはがし、ラップでぴったり包みます。

❈ **できあがり** ❈

保存期間 **10** 日間くらい

レモンのパウンドケーキ

レモンのほんのりしたほろ苦さと
芯のある甘いグラス…。
ふと背伸びをしていた頃の私を思い出します。

▎上口18cm×7cm、底17cm×6.5cm、高さ5cmのパウンド型　2本分

レモンピール、オレンジピールは香り、味わいが豊かで、
鋭く力のあるものをさがしてください。

❋ 材料 ❋　［　］内は1本分の分量です。

バター …………………………… 150g ［75g］

ホワイトチョコレート ………… 20g ［10g］

グラニュー糖 …………………… 128g ［64g］

┌ 卵黄 …………………………… 60g ［30g］
└ 全卵 …………………………… 50g ［25g］

┌ ＜A＞
│ レモン汁 ……………………… 20g ［10g］
│ クエン酸 ……………………… 1.2g ［0.6g］
└ レモンエッセンス …………… 0.5g ［0.3g］

┌ バニラエッセンス …………… 14滴(1.1g) ［7滴(0.6g)］
└ アーモンドパウダー ………… 80g ［40g］

┌ 粉類
│ コーンスターチ ……………… 68g ［34g］
│ 強力粉 ………………………… 60g ［30g］
└ ベーキングパウダー ………… 2g ［1g］

┌ ガルニチュール
│ レモンピール ………………… 200g ［100g］
│ オレンジピール ……………… 60g ［30g］
│ レモン汁 ……………………… 20g ［10g］
└ ホワイトラム ………………… 20g ［10g］

アプリコットジャム …………… 適量

┌ グラス
│ 粉糖 …………………………… 90g ［45g］
│ 水 ……………………………… 11g ［6g］
└ レモン汁 ……………………… 11g ［6g］

❋ 下準備 ❋

● アプリコットジャムを作ります。
（P109参照。市販品でも可）

● **ガルニチュール**のレモンピールは5mm角、オレンジピールは3mm角に切り、レモン汁、ホワイトラムに12時間以上漬けておきます。

● バターはテリが出るくらい柔らかくしておきます。

● 型には必ず紙を敷いておきます。

● 21cmボウルを用意しておきます。

● **粉類**は作る直前にふるっておきます。

● オーブンを予熱しておきます。

　🔥 ガス高速オーブン
　　　170℃になってから10分

　〰️ 電子レンジオーブン
　　　200℃で15分

レモンのパウンドケーキ

❋ 作り方 ❋

❶ **バターを少しテリのある柔らかめのポマード状にします。**
（P19「オレンジのパウンドケーキ」作り方❶参照）

❷ ホワイトチョコレートを細かく刻んでボウルに入れ、45〜50℃の湯煎にかけて溶かし、溶けたら30℃以下になるように調整します。❶に一度に加え、【円】で均一になるまで混ぜます。
➡ チョコレートが熱すぎるとバターが溶けすぎて、卵などが混ざりにくくなります。また特にホワイトチョコレートは高い温度で溶かすと、様々な成分が分離してかたくしまり、混ざりにくくなってしまいます。

❸ **グラニュー糖を5回に分けて加えます。**
1回加えるごとにグラニュー糖の粒が見えなくなってから50回ずつ、【円】で10秒に12〜13回の速さで混ぜます。
➡ バターの生地がかたくなってきたら、そのつどボウルの底を軽く弱火にかけて混ぜやすい柔らかさにしてください。
☆ 工程❻までは【円】で同様の速さで混ぜます。

❹ **卵を8回に分けて加えます。**
卵黄と全卵をよくほぐし、1回加えるごとに卵とバターがほぼ混ざってから、50回ずつ混ぜます。
➡ バターの生地がかたくなってきたら、そのつどボウルの底を軽く弱火にかけて混ぜやすい柔らかさにしてください。

❺ ＜Ａ＞を3回に分けて加え、それぞれ均一になるまで混ぜます。21cmボウルに移しかえます。

❻ バニラエッセンス、アーモンドパウダーを一度に加え、均一になるまでよく混ぜます。

❼ **バターの生地の柔らかさを整えます。**
弱火でボウルの底を温め、【円】または【平行楕円】で強めに混ぜ、ほんの少しテリがあり、軽いがしっかりした手応えを感じるくらいまで柔らかくします。

❽ **粉類を5回に分けて加えます。**
90度で10秒に20回の速さで手早く、強くボウルの底を「タンタンタン」とたたくように混ぜます。80％の混ざりで次の粉を加えます。
3回目の粉を加え80％くらい混ざったら、ゴムべらでボウルのまわりをはらい、残り2回を加えます。全量を加え粉がほぼ見えなくなったら、ゴムべらでボウルのまわりをはらい、さらに50回混ぜます。

❾ 漬けておいたレモンピールとオレンジピールを2回に分けて手でよくほぐしながら加えます。それぞれ【90度】で全体に散らしてから、【平行楕円】で均一になるまで混ぜます。

❿ 用意しておいた型2本に生地を均等に流し入れ、両端を少し高くしてオーブンで焼きます。

ガス高速オーブン	電子レンジオーブン
160℃で20分 ↓ 奥手前を入れかえて 20〜25分	180℃で20分 ↓ 上下段を入れかえて 20〜25分

↓ **焼き上がり**

⓫ 焼き上がったらすぐに型からはずし、上下を返して（焼成時の底面が上）、網にのせ粗熱をとります。粗熱がとれたら紙をはがし、底以外の面に熱して少し煮詰めたアプリコットジャムを刷毛で塗り、指につかなくなるまで少し置きます。

⓬ **グラス**の材料をボウルに入れ、混ぜます。

⓭ 表面のジャムが乾いたら、底以外の面に刷毛で⓬のグラスを薄く塗り、網の上で余分なグラスを落とします。
オーブンに入れ表面を乾燥させます。生地の角に小さな泡が1つ2つ立ってきたらすぐにオーブンから出し、白いグラスがほぼ透明になるまで冷まします。

ガス高速オーブン	電子レンジオーブン
230℃で 1分30秒〜2分	250℃で 上段で2〜3分

➡ これ以上長くオーブンに入れておくとグラスが溶けて泡立ち、汚くなってしまいます。

❁ できあがり ❁

保存期間 **1** 週間くらい

プルーンのパウンドケーキ

セピア色の思い出の中で、今も両の頬に残る
懐かしさに満ちた味わいなのです。

▌上口18cm×7cm、底17cm×6.5cm、高さ5cmのパウンド型　2本分

プルーンの味わいを支えるために必ず黒砂糖は加えてください。
ドライ・プルーンはもちろん、酸味も十分にあり、
味わいのしっかりしたものを選んでください。

❋ 材 料 ❋　[　]内は1本分の分量です。

バター……………………150g［75g］

糖類
　グラニュー糖……………98g［49g］
　黒砂糖……………………50g［25g］

　卵黄………………………60g［30g］
　全卵………………………65g［33g］

　バニラエッセンス………10滴(0.8g)［5滴(0.4g)］
　キャラメル………………26g［13g］

粉類
　コーンスターチ…………48g［24g］
　強力粉……………………60g［30g］
　ベーキングパウダー……2g［1g］
　シナモンパウダー………3g［1.5g］

ガルニチュール
　ドライ・プルーン………168g［84g］
　キャソナッドゥ(赤砂糖)…10g［5g］
　キルシュ…………………26g［13g］
　コニャック………………59g［30g］
　レモン汁…………………10g［5g］
　水…………………………13g［7g］

アプリコットジャム………適量

プルーンのパウンドケーキ

❋ 下準備 ❋

- アプリコットジャムを作ります。（P 109 参照。市販品でも可）

- **ガルニチュール**のドライ・プルーンは縦に2mm、横に7mm厚さに切り、キャソナッドゥ、キルシュ、コニャック、レモン汁、水に24時間以上漬けておきます。

- キャラメルを作ります。(右参照)

- バターをテリが出るくらい柔らかくしておきます。

- 型には必ず紙を敷いておきます。

- 21cmボウルを用意しておきます。

- **粉類**は作る直前にふるっておきます。

- オーブンを予熱しておきます。
  - ガス高速オーブン　170℃になってから10分
  - 電子レンジオーブン　200℃で15分

キャラメルの作り方

材料
- 水a ································· 15g
- グラニュー糖 ················· 43g
- 水b ································· 13g

① 小鍋に水aとグラニュー糖を入れ弱火にかけます。混ぜながら黒めのキャラメル色になるまで焦がします。

② ①を混ぜながら水bを加え、すぐに火を止めボウルにあけ冷まします。

➡ 生クリームの入ったバーズキャラメルを加えると、プルーンの味わいがボケてしまうので、必ず砂糖だけで作ったキャラメルを使ってください。

保存期間 1 週間くらい

❈ 作り方 ❈

❶ **バターを少しテリのある柔らかめのポマード状にします。**
（P19「オレンジのパウンドケーキ」作り方❶参照）

❷ **糖類を3回に分けて加えます。**
グラニュー糖と黒糖を一緒にし、1回加えるごとに砂糖の粒が見えなくなってから70～80回ずつ、【円】で10秒に12～13回の速さで混ぜます。
➡ バターの生地がかたくなってきたら、そのつどボウルの底を軽く弱火にかけて混ぜやすい柔らかさにしてください。
☆ 工程❹までは【円】で同様の速さで混ぜます。

❸ **卵を5～6回に分けて加えます。**
卵黄と全卵をよくほぐし、1回加えるごとに卵とバターがほぼ混ざってから、50回ずつ混ぜます。
➡ バターの生地がかたくなってきたら、そのつどボウルの底を軽く弱火にかけて混ぜやすい柔らかさにしてください。

❹ バニラエッセンスとキャラメルを混ぜたものを2回に分けて加え、50回ずつ混ぜます。21cmボウルに移しかえます。

❺ **バターの生地の柔らかさを整えます。**
弱火でボウルの底を温め、【円】または【平行楕円】で強めに混ぜ、ほんの少しテリがあり、軽いがしっかりした手応えを感じるくらいまで柔らかくします。

❻ **粉類を5～6回に分けて加えます。**
【90度】で10秒に20回の速さで手早く、強くボウルの底を「タンタンタン」とたたくように混ぜます。80％の混ざりで次の粉を加えます。
3回目の粉を加え80％くらい混ざったら、ゴムべらでボウルのまわりをはらい、残り2～3回を加えます。全量を加え粉がほぼ見えなくなったら、ゴムべらでボウルのまわりをはらい、さらに50回混ぜます。

❼ 漬けておいたドライ・プルーンを5回に分けて手でよくほぐしながら加えます。それぞれ【90度】で全体に散らしてから、【平行楕円】で均一になるまで混ぜます。

❽ 用意しておいた型2本に生地を均等に流し入れ、両端を少し高くしてオーブンで焼きます。

ガス高速オーブン	電子レンジオーブン
160℃で20分 ↓ 奥手前を入れかえて 20～25分	180℃で20分 ↓ 上下段を入れかえて 20～25分

↓ **焼き上がり**

❾ 焼き上がったら、すぐに型からはずし上下を返して（焼成時の底面が上）、網にのせ粗熱をとります。粗熱がとれたら紙をはがし、底以外の面に熱して少し煮詰めたアプリコットジャムを刷毛で塗ります。

❈ できあがり ❈

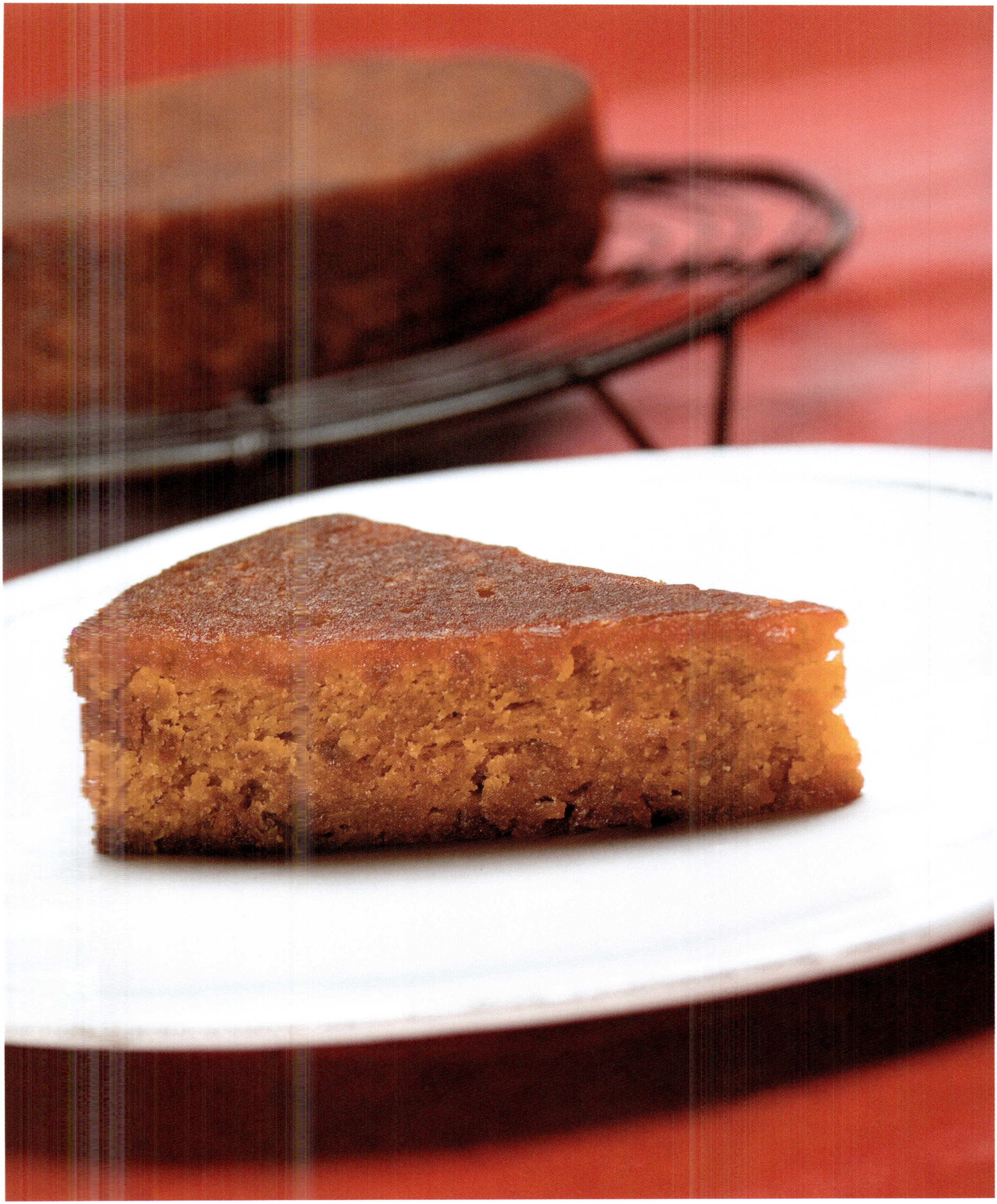

りんごとキャラメルのパウンドケーキ

不思議なほど、しっとりと心に寄り添う
りんごとキャラメルの出会いでした。

ⓐデコ型　　直径13cmデコ型　2台分

ⓑパウンド型　上口18cm×7cm、底17cm×6.5cm、
　　　　　　高さ5cmのパウンド型　2本分

❋ 材料 ❋　[　]内は1本分の分量です。

	ⓐデコ型	ⓑパウンド型
バター	126g [63g]	150g [75g]
グラニュー糖	108g [54g]	128g [64g]
卵黄	49g [25g]	58g [29g]
全卵	55g [28g]	66g [33g]
バーズキャラメル	67g [34g]	80g [40g]
オレンジピール	50g [25g]	60g [30g]
コンパウンド・アップル	17g [9g]	20g [10g]
りんごの砂糖煮	76g [38g]	90g [45g]
粉類		
コーンスターチ	40g [20g]	48g [24g]
強力粉	50g [25g]	60g [30g]
ベーキングパウダー	1.3g [0.7g]	1.6g [0.8g]
ポンシュ		
30°ボーメシロップ（P109参照）	24g [12g]	28g [14g]
水	24g [12g]	28g [14g]
カルバドス	15g [8g]	18g [9g]
コンパウンド・アップル	8g [4g]	10g [5g]

りんごとキャラメルのパウンドケーキ

❈ 下準備 ❈

- バーズキャラメルを作ります。
  （P109参照）

- オレンジピールを包丁で刻んでペースト状にしておきます
  ➡ ペースト状になっている市販のものもあります。

- りんごの砂糖煮を、厚さ1〜2mmくらいに切り、さらに長さ2〜3mmくらいに刻んでおきます。
  ➡ りんごの砂糖煮は、ドレンリンゴという名称で市販もされています。

- バターをテリが出るくらい柔らかくしておきます。

- デコ型の底には丸く切ったベーキングシートかクッキングシート、側面には紙を敷いておきます。

  パウンド型で作る場合には必ず紙を敷いておきます。

- 21cmボウルを用意しておきます。

- 粉類は作る直前にふるっておきます。

- オーブンを予熱しておきます。
  🔥 ガス高速オーブン
  　170℃になってから10分
  〰 電子レンジオーブン
  　200℃で15分

❈ 作り方 ❈

① バターを少しテリのある柔らかめのポマード状にします。
（P19「オレンジのパウンドケーキ」作り方①参照）

② グラニュー糖を3回に分けて加えます。
1回加えるごとにグラニュー糖の粒が見えなくなってから50回ずつ、【円】で10秒に12〜13回の速さで混ぜます。
➡ バターの生地がかたくなってきたら、そのつどボウルの底を軽く弱火にかけて混ぜやすい柔らかさにしてください。
☆ 工程④までは【円】で同様の速さで混ぜます。

③ 卵を5回に分けて加えます。
卵黄と全卵をよくほぐし、1回加えるごとに卵とバターがほぼ混ざってから、50回ずつ混ぜます。
➡ バターの生地がかたくなってきたら、そのつどボウルの底を軽く弱火にかけて混ぜやすい柔らかさにしてください。

④ バーズキャラメル、ペースト状のオレンジピール、コンパウンド・アップルを小さなボウルに入れ、木べらで丁寧にすり潰して均一にしたものに、③のバターの生地を少量入れてのばします。③に2回に分けて加え、50回ずつ混ぜます。21cmボウルに移しかえます。

❺ りんごの砂糖煮も❹同様にバターの生地でのばしてから一度に加え、【平行楕円】で50回混ぜます。

❻ **バターの生地の柔らかさを整えます。**
弱火でボウルの底を温め、【円】または【平行楕円】で強めに混ぜ、ほんの少しテリがあり、軽いがしっかりした手応えを感じるくらいまで柔らかくします。

❼ **粉類を5回に分けて加えます。**
【90度】で10秒に20回の速さで手早く、強くボウルの底を「タンタンタン」とたたくように混ぜます。80%の混ざりで次の粉を加えます。
3回目の粉を加え80%くらい混ざったら、ゴムべらでボウルのまわりをはらい、残り2回を加えます。全量を加え粉がほぼ見えなくなったら、ゴムべらでボウルのまわりをはらい、さらに50回混ぜます。

❽ 用意しておいたデコ型2台に生地を均等に流し入れ、だいたい平らになるように軽くならし（パウンド型2本の場合は両端を少し高くして）オーブンで焼きます。

デコ型・パウンド型

ガス高速オーブン	電子レンジオーブン
160℃で20分	180℃で20分
↓	↓
奥手前を入れかえて	上下段を入れかえて
15〜20分	15〜20分

↓ 焼き上がり

❾ ポンシュの材料のコンパウンド・アップルを他のいずれかの材料でのばして、残りの材料と混ぜます。

❿ 焼き上がったら、型に入れたまますぐに上面に刷毛で❾のポンシュを打ち、型からはずします。上下を返して（焼成時の底面が上）、網にのせて紙をはがし、残りのすべての面にもポンシュを打ち、ラップでぴったり包みます。

❉できあがり❉

保存期間 *10* 日間くらい

栗のパウンドケーキ

自分以外においしさを認めようとはしない頑固な栗。
ひたすら意固地に〝栗道〟を突き進む栗ですよ。

■ 上口18cm×7cm、底17cm×6.5cm、高さ5cmのパウンド型　2本分

❀ 材料 ❀　[ ]内は1本分の分量です。

パートゥ・ドゥ・マロン ……… 240g [120g]
（マロンペースト）

バター …………………………… 136g [68g]

グラニュー糖 …………………… 128g [64g]

┌ 卵黄 …………………………… 60g [30g]
└ 全卵 …………………………… 50g [25g]

┌ 粉類
│ コーンスターチ ……………… 64g [32g]
│ 強力粉 ………………………… 34g [17g]
└ ベーキングパウダー ………… 0.8g [0.4g]

┌ バニラエッセンス …… 8滴(0.6g) [4滴(0.3g)]
└ ラム酒 ………………………… 20g [10g]

┌ ガルニチュール
│ マロングラッセ ……………… 220g [110g]
└ ラム酒 ………………………… 15g [8g]

仕上げ
　パートゥ・グラニテ …………… 50g [25g]

❀ 下準備 ❀

● **ガルニチュール**のマロングラッセを7～8mmに砕いてラム酒に1時間漬けておきます。スプーンで混ぜよくまぶしてください。
　➡ あまり長く漬けておくと、多くの砂糖が浸透しているマロングラッセが溶けてきます。

● パートゥ・グラニテを作ります。
　（P76 参照）

● バターをテリが出るくらい柔らかくしておきます。

● 型にバターを塗り、冷やしかためてから粉をふっておきます。

● 21cmボウルを用意しておきます。

● **粉類**は作る直前にふるっておきます。

● オーブンを予熱しておきます。
　　🔥 ガス高速オーブン
　　　　170℃になってから10分
　　〰 電子レンジオーブン
　　　　200℃で15分

栗のパウンドケーキ

パートゥ・グラニテの作り方

材料
- 薄力粉 ……………… 54g
- 強力粉 ……………… 54g
- アーモンドパウダー …… 84g
- グラニュー糖 ……… 110g
- キャソナッドゥ(赤砂糖)… 110g
- バニラシュガー ……… 14g
- バター ……………… 110g

半分の量でも作れますが、少量では作りにくいので多めの分量を記しています。グラニテはクッキーやタルトに振りかけて焼いてもホロホロとしておいしくいただけます。

① 合わせてふるった薄力粉と強力粉をボウルに入れ、バター以外の材料も加えます。

② バターを少しテリのある柔らかめのポマード状にして、①に加えます。バターを指でほぐすように混ぜます。次第にバターが混ざり、サラサラの状態になります。さらにバターが溶けてしっとりとして、1cmくらいのかたまりができるまで混ぜます。

⮕ 1cmほどのかたまりがかなりできるまで混ぜないと、軽いカリッとした歯ざわりが出てきません。

③ 冷蔵庫に入れ、最低でも30分以上冷やします。

⮕ 前もって作り、密閉容器に入れ1週間くらい保存ができます。

❋ 作り方 ❋

❶ バターを少しテリのある柔らかめのポマード状にします。
（P19「オレンジのパウンドケーキ」作り方❶参照）

❷ パートゥ・ドゥ・マロンに❶のポマード状バターを3回に分けて加えます。1回加えるごとに【円】で10秒に15回の速さで、バターが完全に見えなくなるまで混ぜます。

❸ グラニュー糖を5回に分けて加えます。
1回加えるごとにグラニュー糖の粒が見えなくなってから50回ずつ、【円】で10秒に12～13回の速さで混ぜます。

➡ バターの生地がかたくなってきたら、そのつどボウルの底を軽く弱火にかけて混ぜやすい柔らかさにしてください。

☆ 工程❹までは【円】で同様の速さで混ぜます。

❹ 卵を8回に分けて加えます。
卵黄と全卵をよくほぐし、1回加えるごとに卵とバターがほぼ混ざってから、50回ずつ混ぜます。21cmボウルに移しかえます。

➡ バターの生地がかたくなってきたら、そのつどボウルの底を軽く弱火にかけて混ぜやすい柔らかさにしてください。

➡ もし6～7回卵を入れて分離してきたら、工程❺の粉類を先に加えてください。残りの卵は工程❻で加えます。

❺ 粉類を5～6回に分けて加えます。
【90度】で10秒に20回の速さで手早く、強くボウルの底を「タンタンタン」とたたくように混ぜます。80%の混ざりで次の粉を加えます。
3回目の粉を加え80%くらい混ざったら、ゴムべらでボウルのまわりをはらい、残り2～3回を加えます。全量を加え粉がほぼ見えなくなったら、ゴムべらでボウルのまわりをはらい、さらに50回混ぜます。

❻ バニラエッセンス、ラム酒を加え、【90度】で均一になるまで混ぜます。

❼ 用意しておいた型に生地約190gを流し入れ、この上に漬けておいたマロングラッセ110gを散らし、さらに生地約160gを流し入れ、表面にパートゥ・グラニテ約25gをふりかけます。あと1本も同じ様にして型に入れ、オーブンで焼きます。

🔥 ガス高速オーブン	〰 電子レンジオーブン
160℃で20分	180℃で20分
↓	↓
奥手前を入れかえて 25～30分	上下段を入れかえて 25～30分

↓ 焼き上がり

❽ 焼き上がったらすぐに型からはずします。ラップには包まないで保存します。

❋ できあがり ❋

保存期間 2 週間くらい

チーズのパウンドケーキ

心と身体に軽やかに語りかけるその味わいは、
食べる人を素直にしてしまう安心感に満ちています。

▍上口18cm×7cm、底17×6.5cm、高さ5cmのパウンド型　2本分

カマンベールチーズは日本人のために味わい、ニオイをおさえた物があります。
チーズそのもののニオイがあり、味わいがしっかりした物を使ってください。

❋ 材料 ❋　[　]内は1本分の分量です。

バター	150g	[75g]
ホワイトチョコレート	30g	[15g]
グラニュー糖	160g	[80g]
卵黄	60g	[30g]
全卵	88g	[44g]
バニラエッセンス	6滴(0.5g)	[3滴(0.2g)]
アーモンドパウダー	100g	[50g]
粉類		
ベーキングパウダー	2g	[1g]
コーンスターチ	160g	[80g]
カマンベールチーズ（正味量）	40g	[20g]
クリームチーズ	70g	[35g]
アプリコットジャム	適量	
仕上げ		
アーモンドスライス	適量	
粉糖	適量	

❋ 下準備 ❋

- アプリコットジャムを作ります。
  （P 109 参照。市販品でも可）

- **仕上げ**のアーモンドスライスは180℃のオーブンで10分ローストし、冷めてから細かく刻んでおきます。

- カマンベールチーズは外側の白い部分を取り除いて40gになるようにします。これを小さなボウルに入れ、クリームチーズを加え、木べらで均一になめらかになるように練っておきます。粒状のものが残っている時は裏ごしします。

- バターをテリが出るくらい柔らかくしておきます。

- 型にバターを塗り、冷やしかためてから粉をふっておきます。

- 21cmボウルを用意しておきます。

- **粉類**は作る直前にふるっておきます。

- オーブンを予熱しておきます。
  ガス高速オーブン
  　160℃になってから10分
  電子レンジオーブン
  　190℃で15分

チーズのパウンドケーキ

❋ 作り方 ❋

❶ **バターを少しテリのある柔らかめのポマード状にします。**
(P19「オレンジのパウンドケーキ」作り方❶参照)

❷ ホワイトチョコレートを細かく刻んでボウルに入れ、45〜50℃の湯煎にかけて溶かし、溶けたら30℃以下になるように調整します。❶に一度に加え、【円】で均一になるまで混ぜます。

➡ チョコレートが熱すぎるとバターが溶けすぎて、卵などが混ざりにくくなります。また特にホワイトチョコレートは高い温度で溶かすと、様々な成分が分離してかたくしまり、混ざりにくくなってしまいます。

❸ **グラニュー糖を5回に分けて加えます。**
1回加えるごとにグラニュー糖の粒が見えなくなってから50回ずつ、【円】で10秒に12〜13回の速さで混ぜます。

➡ バターの生地がかたくなってきたら、そのつどボウルの底を軽く弱火にかけて混ぜやすい柔らかさにしてください。

☆ 工程❺までは【円】で同様の速さで混ぜます。

❹ **卵を8回に分けて加えます。**
卵黄と全卵をよくほぐし、1回加えるごとに卵とバターがほぼ混ざってから、50回ずつ混ぜます。

➡ バターの生地がかたくなってきたら、そのつどボウルの底を軽く弱火にかけて混ぜやすい柔らかさにしてください。

❺ バニラエッセンスを加え、均一になるまで混ぜます。21cmボウルに移しかえます。

❻ **バターの生地の柔らかさを整えます。**
弱火でボウルの底を温め、【円】または【平行楕円】で強めに混ぜ、ほんの少しテリがあり、軽いがしっかりした手応えを感じるくらいまで柔らかくします。

保存期間 *1* 週間くらい

❼ アーモンドパウダーを一度に加え、【平行楕円】で均一になるまで混ぜます。

❽ 粉類を5回に分けて加えます。
【90度】で10秒に20回の速さで手早く、強くボウルの底を「タンタンタン」とたたくように混ぜます。80％の混ざりで次の粉を加えます。
3回目の粉を加え80％くらい混ざったら、ゴムべらでボウルのまわりをはらい、残り2回を加えます。全量を加え粉がほぼ見えなくなったら、ゴムべらでボウルのまわりをはらい、さらに50回混ぜます。

❾ 混ぜ合わせておいたチーズ類をバターの生地でのばし、すぐに混ざる柔らかさにしてから一度に加え、【平行楕円】で50回混ぜます。

❿ 用意しておいた型2本に生地を均等に流し入れ、両端を少し高くしてオーブンで焼きます。

ガス高速オーブン	電子レンジオーブン
150℃で20分	170℃で20分
↓	↓
奥手前を入れかえて	上下段を入れかえて
25〜30分	25〜30分

↓ 焼き上がり

⓫ 焼き上がったらすぐに型からはずし、網にのせ粗熱をとります。粗熱がとれたら、底以外の面に熱して少し煮詰めたアプリコットジャムを刷毛で塗り、細かく刻んだアーモンドスライスをつけます。ジャムが乾いたら表面に粉糖をふります。

❋できあがり❋

いちじくのパウンドケーキ

こんなにもプチプチ、しっとり、ほっとする味わいの
いちじくのお菓子はありません。
生まれた時からずっとイル・プルーの vedette (スター) なのです。

ⓐ デコ型　┃ 直径13cm、高さ6cmのデコ型　2台分

ⓑ パウンド型　┃ 上口18cm×7cm、底17cm×6.5cm、高さ5cmのパウンド型　2本分

❊ 材料 ❊　[　]内は1本分の分量です。

ⓐ デコ型
バター …………………… 148g［74g］

糖類
グラニュー糖 …………… 96g［48g］
黒糖 ……………………… 48g［24g］

卵黄 ……………………… 58g［29g］
全卵 ……………………… 58g［29g］

バニラエッセンス ……… 20滴(1.6g)［10滴(0.8g)］
バーズキャラメル ……… 26g［13g］

粉類
薄力粉 …………………… 58g［29g］
コーンスターチ ………… 46g［23g］
ベーキングパウダー …… 2g［1g］
シナモンパウダー ……… 1.4g［0.7g］

ポンシュ
30°ボーメシロップ …… 29g［15g］
（P109参照）
水 ………………………… 29g［15g］
ブランデー ……………… 19g［10g］

いちじくジャム ………… 208g［104g］

ⓑ パウンド型
バター …………………… 169g［85g］

糖類
グラニュー糖 …………… 110g［55g］
黒糖 ……………………… 56g［28g］

卵黄 ……………………… 68g［34g］
全卵 ……………………… 68g［34g］

バニラエッセンス ……… 23滴(1.8g)［11滴(0.9g)］
バーズキャラメル ……… 29g［15g］

粉類
薄力粉 …………………… 68g［34g］
コーンスターチ ………… 54g［27g］
ベーキングパウダー …… 2.2g［1.1g］
シナモンパウダー ……… 1.5g［0.8g］

ポンシュ
30°ボーメシロップ …… 34g
（P109参照）
水 ………………………… 34g
ブランデー ……………… 22g

いちじくジャム ………… 240g

❊ 下準備 ❊

● いちじくジャムを作ります。
（P85参照。市販品でも可）
≡▶ これはもともとフランス・プロヴァンスのものです。輸入されているものがあれば、それでもかまいません。

● バーズキャラメルを作ります。
（P109参照）

● バターをテリが出るくらい柔らかくしておきます。

● デコ型の底には丸く切ったベーキングシートかクッキングシート、側面には紙を敷いておきます。
≡▶ 底にも紙を敷くと、底に沈んだいちじくジャムがついてはがしにくくなります。

● 21cmボウルを用意しておきます。

● 粉類は作る直前にふるっておきます。

● オーブンを予熱しておきます。
　ガス高速オーブン
　　170℃になってから10分
　電子レンジオーブン
　　200℃で15分

いちじくのパウンドケーキ

保存期間 2 週間くらい

✽ 作り方 ⓐ ✽
デコ型（2台分）で焼く場合

1. バターを少しテリのある柔らかめのポマード状にします。
   P19「オレンジのパウンドケーキ」作り方❶参照）

2. 糖類を3回に分けて加えます。
   グラニュー糖と黒糖を一緒にし、1回加えるごとに砂糖の粒が見えなくなってから50回ずつ、【円】で1秒に12〜13回の速さで混ぜます。
   ☞ バターの生地がかたくなってきたら、そのつどボウルの底を軽く弱火にかけて混ぜやすい柔らかさにしてください。
   ☆ 工程❹までは【円】で同様の速さで混ぜます。

3. 卵を3回に分けて加えます。
   卵黄と全卵をよくほぐし、1回加えるごとに卵とバターがほぼ混ざってから、50回ずつ混ぜます。
   ☞ バターの生地がかたくなってきたら、そのつどボウルの底を軽く弱火にかけて混ぜやすい柔らかさにしてください。

4. バニラエッセンスとバーズキャラメルを混ぜたものを一度に加え、均一になるまで混ぜます。21cmボウルに移しかえます。

5. バターの生地の柔らかさを整えます。
   弱火でボウルの底を温め、【円】または【平行楕円】で強めに混ぜ、ほんの少しテリがあり、軽いがしっかりした手応えを感じるくらいまで柔らかくします。

6. 粉類を5〜6回に分けて加えます。
   【90度】で10秒に20回の速さで手早く、強くボウルの底を「タンタンタン」とたたくように混ぜます。80%の混ざりで次の粉を加えます。
   3回目の粉を加え80%くらい混ざったら、ゴムべらでボウルのまわりをはらい、残り2〜3回を加えます。全量を加え粉がほぼ見えなくなったら、ゴムべらでボウルのまわりをはらい、さらに60回混ぜます。

7. 用意しておいた型に生地を均等に流し入れ、だいたい平らになるように軽くならします。この上に周囲5mmくらい空けて、いちじくジャム104gを重ならないように広げてのせます。あと1台も同じ様にして型に入れ、オーブンで焼きます。

ガス高速オーブン	電子レンジオーブン
160℃で20分	180℃で20分
↓	↓
奥手前を入れかえて	上下段を入れかえて
20分	20分

↓ 焼き上がり

8. ポンシュの材料をボウルに入れ、混ぜます。

9. 焼き上がったら、型に入れたまますぐに上面に刷毛で❽のポンシュを打ち、型からはずします。上下を返して（焼成時の底面が上）、網にのせて紙をはがし、残りのすべての面にもポンシュを打ち、ラップでぴったり包みます。

✽ できあがり ✽

❋ 作り方 ⓑ ❋
パウンド型（2本分）で焼く場合

薄く切った焼成済みの生地をいちじくジャムと一緒に間にサンドし、いちじくジャムが底に沈まないように焼き上げます。パウンド型で焼くイル・プルーオリジナルの方法です。
生地の作り方は、作り方ⓐ 参照

❶ サンド用の生地を1本分の分量で作り、焼きます。

ガス高速オーブン	電子レンジオーブン
160℃で 35〜40分	180℃で 35〜40分

❷ 焼き上がったらすぐに型からはずして冷まします。厚さ3mmくらいにスライスします。1本に2枚使用します。

❸ あらためて2本分の分量で生地を作ります。
紙を敷いた型に生地150gを絞り入れ、平らにします。その上に❷を1枚のせ、いちじくジャム60gを重ならないように広げてのせます。さらにその上に生地75gを絞り入れ平らにし、再び❷を1枚のせ、いちじくジャム60gを重ならないように広げてのせます。最後に生地75gを絞り入れ（右図参照）、両端を少し高くします。
あと1本も同じ様にして型に入れ、オーブンで焼きます。

ガス高速オーブン	電子レンジオーブン
160℃で 25分 ↓ 奥手前を入れかえて 25分	180℃で 25分 ↓ 上下段を入れかえて 25分

❹ 焼き上がったら、作り方ⓐ ❽〜❾と同様に型からはずしポンシュを打ちます。

❋ できあがり ❋

いちじくジャムの作り方

材料
　ドライ・イチジク……………200g
　ぶどうジュース（無糖）………500g
　ミント…………………………2〜2.5本
　バニラ棒………………………1/2本
　レモンの皮……………………1/2個分
　レモン汁………………………10g
　キャソナッドゥ（赤砂糖）……40g

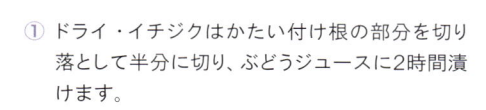

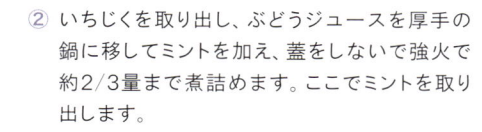

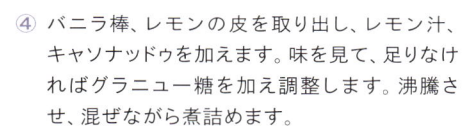

① ドライ・イチジクはかたい付け根の部分を切り落として半分に切り、ぶどうジュースに2時間漬けます。

② いちじくを取り出し、ぶどうジュースを厚手の鍋に移してミントを加え、蓋をしないで強火で約2/3量まで煮詰めます。ここでミントを取り出します。

③ ②に二つに裂いて種をこそぎとったバニラ棒、レモンの皮、いちじくを加え、蓋をしないで弱火で1時間30分煮ます。

④ バニラ棒、レモンの皮を取り出し、レモン汁、キャソナッドゥを加えます。味を見て、足りなければグラニュー糖を加え調整します。沸騰させ、混ぜながら煮詰めます。
➡ 木べらについたシロップの上を、指で線を引いてみてその跡がしっかりと残る状態まで煮詰めます。

⑤ 鍋を火から下ろし、冷まします。網に実をのせ、シロップと分けます。実だけを使用します。
➡ 残ったシロップは、パンなどにつけて食べるととても美味しくいただけます。

保存期間　2か月くらい

❸-図
焼成済み生地　｜　75g　｜　いちじくジャム60g
　　　　　　　　　75g
　　　　　　　　　150g
生地：300g/1本

煮詰め後

85

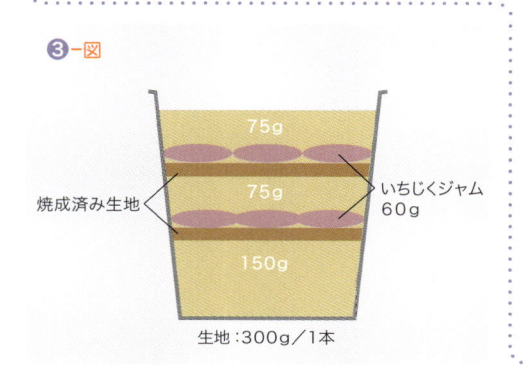

杏のパウンドケーキ

お菓子って本当にそれを作り上げた人がそのまま刻み込まれるんです。
こんなにきらめくように明るく、嬉しくて優しい心躍る杏はありません。

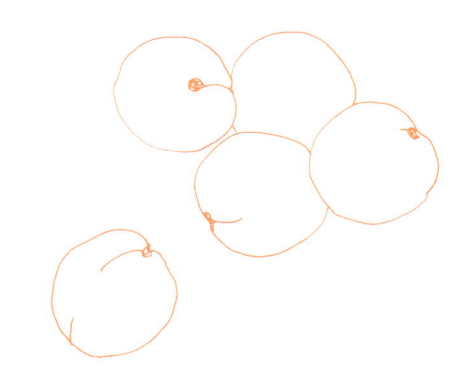

■ 上口18cm×7cm、底17cm×6.5cm、高さ5cmのパウンド型　2本分

❖ 材料 ❖　[ ]内は1本分の分量です。

バター	150g	[75g]
ホワイトチョコレート	20g	[10g]
グラニュー糖	128g	[64g]
卵黄	60g	[30g]
全卵	70g	[35g]
レモン汁	7g	[3.5g]
バニラエッセンス	6滴(0.5g)	[3滴(0.2g)]

粉類
コーンスターチ	68g	[34g]
強力粉	60g	[30g]
ベーキングパウダー	2g	[1g]

ガルニチュール
ドライ・アプリコット	200g	[100g]
アプリコットリキュール	40g	[20g]
キルシュ	40g	[20g]

ポンシュ
アプリコットリキュール	30g	[15g]
キルシュ	10g	[5g]
レモン汁	6g	[3g]
30°ボーメシロップ（P109参照）	24g	[12g]
水	12g	[6g]

アプリコットジャム　適量

グラス
粉糖	94g	[47g]
水	16g	[8g]
レモン汁	7g	[3.5g]

❖ 下準備 ❖

● アプリコットジャムを作ります。
（P 109 参照。市販品でも可）

● **ガルニチュール**のドライ・アプリコットは縦2mm幅に細長く切り、アプリコットリキュールとキルシュに20時間以上漬けておきます。

● バターをテリが出るくらい柔らかくしておきます。

● 型には必ず紙を敷いておきます。

● 21cmボウルを用意しておきます。

● **粉類**は作る直前にふるっておきます。

● オーブンを予熱しておきます。
　🔥 ガス高速オーブン
　　　170℃になってから10分
　〰️ 電子レンジオーブン
　　　200℃で15分

杏のパウンドケーキ

✿ 作り方 ✿

❶ バターを少しテリのある柔らかめのポマード状にします。
（P19「オレンジのパウンドケーキ」作り方❶参照）

❷ ホワイトチョコレートを細かく刻んでボウルに入れ、45〜50℃の湯煎にかけて溶かし、溶けたら30℃以下になるように調整します。❶に一度に加え、【円】で均一になるまで混ぜます。
➡ チョコレートが熱すぎるとバターが溶けすぎて、卵などが混ざりにくくなります。また特にホワイトチョコレートは高い温度で溶かすと、様々な成分が分離してかたくしまり、混ざりにくくなってしまいます。

❸ グラニュー糖を5回に分けて加えます。
1回加えるごとにグラニュー糖の粒が見えなくなってから30回ずつ、【円】で10秒に12〜13回の速さで混ぜます。
➡ バターの生地がかたくなってきたら、そのつどボウルの底を軽く弱火にかけて混ぜやすい柔らかさにしてください。
☆ 工程❺までは【円】で同程度の速さで混ぜます。

❹ 卵を8回に分けて加えます。
卵黄と全卵をよくほぐし、1回加えるごとに卵とバターがほぼ混ざってから、50回ずつ混ぜます。
➡ バターの生地がかたくなってきたら、そのつどボウルの底を軽く弱火にかけて混ぜやすい柔らかさにしてください。

❺ レモン汁を加え20〜30回、さらにバニラエッセンスを加え20〜30回混ぜます。21cmボウルに移しかえます。

❻ バターの生地の柔らかさを整えます。
弱火でボウルの底を温め、【円】または【平行楕円】で強めに混ぜ、ほんの少しテリがあり、軽いがしっかりした手応えを感じるくらいまで柔らかくします。

❼ 粉類を6回に分けて加えます。
【90度】で10秒に20回の速さで手早く、強くボウルの底を「タンタンタン」とたたくように混ぜます。80%の混ざりで次の粉を加えます。
3回目の粉を加え80%くらい混ざったら、ゴムべらでボウルのまわりをはらい、残り3回を加えます。全量を加え粉がほぼ見えなくなったら、ゴムべらでボウルのまわりをはらい、さらに60回混ぜます。

❽ 漬けておいたドライ・アプリコットを5回に分けて手でよくほぐしながら加えます。それぞれ【90度】で全体に散らしてから、【平行楕円】で均一になるまで混ぜます。

❾ 用意しておいた型2本に生地を均等に流し入れ、両端を少し高くしてオーブンで焼きます。

ガス高速オーブン	電子レンジオーブン
160℃で20分 ↓ 奥手前を入れかえて20分	180℃で20分 ↓ 上下段を入れかえて20分

❿ ポンシュの材料をボウルに入れ、混ぜます。

↓ 焼き上がり

⓫ 焼き上がったら、型に入れたまますぐに上面に刷毛で❿のポンシュを打ち、型からはずします。上下を返して（焼成時の底面が上）、網にのせて紙をはがし、残りのすべての面にもポンシュを打ち冷まします。

⓬ 冷めたら底以外の面に、熱して少し煮詰めたアプリコットジャムを刷毛で塗り、十分に乾くまで置いておきます。

→ あとに塗るグラスが溶けてしまうので、十分に乾かしてください。できれば一晩乾燥させるとグラスが溶けにくくなります。少なくとも2〜3時間は置いておきます。

⓭ グラスの材料をボウルに入れ、混ぜます。

⓮ 表面のジャムが十分に乾いたら、底以外の面に刷毛で⓭のグラスを薄く塗り、網の上で余分なグラスを落とします。
オーブンに入れ表面を乾燥させます。生地の角に小さな泡が1つ2つ立ってきたらすぐにオーブンから出し、白いグラスがほぼ透明になるまで冷まします。

ガス高速オーブン	電子レンジオーブン
230℃で 1分30秒〜2分	250℃で 上段で2〜3分

→ これ以上長くオーブンに入れておくとグラスが溶けて泡立ち、汚くなってしまいます。

※できあがり※

保存期間 *2* 週間くらい

洋梨のパウンドケーキ

なんなのでしょうか、この安心感に満ちた味わいは。
ようやく夏の熱が消えていった
少し弱気な心に優しくしみわたります。

■ 上口18cm×7cm、底17×6.5cm、高さ5cmのパウンド型　2本分

ドライ・ポワールは大きくカットしてあるので、必ず底の方に沈みます。
失敗ではありませんので、大きくカットしたおいしさを味わってください。

❋ 材料 ❋　　[ ]内は1本分の分量です。

バター	144g [72g]
ホワイトチョコレート	17g [9g]
グラニュー糖	136g [68g]
┌ 卵黄	52g [26g]
└ 全卵	74g [37g]
┌ ポワールピューレ	86g [43g]
└ アーモンドパウダー	52g [26g]
バニラエッセンス	14滴(1.1g) [7滴(0.6g)]
粉類	
┌ 薄力粉	20g [10g]
│ コーンスターチ	90g [45g]
└ ベーキングパウダー	1.6g [0.8g]
ポワール・オ・ドゥ・ヴィ	15g [7.5g]
ガルニチュール	
┌ ドライ・ポワール	200g [100g]
└ ポワール・オ・ドゥ・ヴィ	10g [5g]
ポンシュ	
┌ ポワール・オ・ドゥ・ヴィ	10g [5g]
│ 30°ボーメシロップ(P109参照)	10g [5g]
└ レモン汁	6g [3g]
ポワールジャム	適量

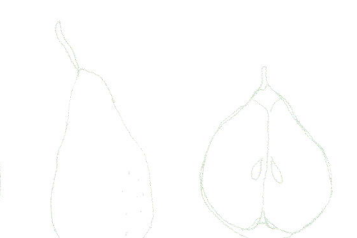

❋ 下準備 ❋

● ポワールジャムを作ります。
（P93参照。市販品でも可）

● バターをテリが出るくらい柔らかくしておきます。

● 型には必ず紙を敷いておきます。

● ポワールピューレとアーモンドパウダーを混ぜ合わせておきます。

● ガルニチュールのドライ・ポワールを1cm角に切り、ポワール・オ・ドゥ・ヴィに20時間以上漬けておきます。

● 21cmボウルを用意しておきます。

● 粉類は作る直前にふるっておきます。

● オーブンを予熱しておきます。
　∧ ガス高速オーブン
　　　170℃になってから10分
　〰 電子レンジオーブン
　　　200℃で15分

洋梨のパウンドケーキ

❋作り方❋

❶ バターを少しテリのある柔らかめのポマード状にします。
（P19「オレンジのパウンドケーキ」作り方❶参照）

❷ ホワイトチョコレートを細かく刻んでボウルに入れ、45〜50℃の湯煎にかけて溶かし、溶けたら30℃以下になるように調整します。❶に一度に加え、【円】で均一になるまで混ぜます。
⇒ チョコレートが熱すぎるとバターが溶けすぎて、卵などが混ざりにくくなります。また特にホワイトチョコレートは高い温度で溶かすと、様々な成分が分離してかたくしまり、混ざりにくくなってしまいます。

❸ グラニュー糖を5回に分けて加えます。
1回加えるごとにグラニュー糖の粒が見えなくなってから50回ずつ、【円】で10秒に12〜13回の速さで混ぜます。
⇒ バターの生地がかたくなってきたら、そのつどボウルの底を軽く弱火にかけて混ぜやすい柔らかさにしてください。
☆ 工程❻までは【円】で同様の速さで混ぜます。

❹ 卵を5回に分けて加えます。
卵黄と全卵をよくほぐし、1回加えるごとに卵とバターがほぼ混ざってから、50回ずつ混ぜます。
⇒ バターの生地がかたくなってきたら、そのつどボウルの底を軽く弱火にかけて混ぜやすい柔らかさにしてください。

❺ 混ぜ合わせておいたポワールピューレとアーモンドパウダーを❹のバターの生地でのばし、❹に加え50回混ぜます。

❻ バニラエッセンスを加え、均一になるまで混ぜます。21cmボウルに移しかえます。

❼ バターの生地の柔らかさを整えます。
弱火でボウルの底を温め、【円】または【平行楕円】で強めに混ぜ、ほんの少しテリがあり、軽いがしっかりした手応えを感じるくらいまで柔らかくします。

❽ **粉類を3回に分けて加えます。**
【90度】で10秒に20回の速さで手早く、強くボウルの底を「タンタンタン」とたたくように混ぜます。80%の混ざりで次の粉を加えます。全量を加え粉がほぼ見えなくなったら、ゴムべらでボウルのまわりをはらい、さらに50回混ぜます。

❾ ポワール・オ・ドゥ・ヴィを加え、均一になるまで混ぜます。

❿ 用意しておいた型に生地約175gを流し入れ、平らにします。この上に漬けておいたドライ・ポワール100gを全体に散らし、さらに生地約175gを流し入れて両端を少し高くします。あと1本も同じ様にして型に入れ、オーブンで焼きます。

ガス高速オーブン	電子レンジオーブン
160℃で20分	180℃で20分
↓	↓
奥手前を入れかえて20分	上下段を入れかえて20分

↓ **焼き上がり**

⓫ ポンシュの材料をボウルに入れ、混ぜます。

⓬ 焼き上がったら、型に入れたまますぐに上面に刷毛で⓫のポンシュを打ち、型からはずします。上下を返して（焼成時の底面が上）、網にのせて紙をはがし、残りのすべての面にもポンシュを打ち粗熱をとります。

⓭ 粗熱がとれたら、底以外の面に、熱して少し煮詰めたポワールジャムを刷毛で塗ります。

❋できあがり❋

ポワールジャムの作り方

材料

- ポワールピューレ ……… 125g
- グラニュー糖 ……… 94g
- ジャムベース ……… 2.5g
- レモン汁 ……… 5g
- 水飴 ……… 13g

① 小鍋にポワールピューレ、グラニュー糖、ジャムベース、レモン汁を入れ、混ぜ合わせます。

② ①を中火にかけ、あくをとりながら沸騰させます。沸騰してから2〜3分で火を止め、水飴を加え混ぜ冷まします。容器にあけて保存します。

➡ 火を止めるタイミングは木べらですくってたらしてみて、ドロッとした濃度がついた頃です。

➡ 水飴は必ず火を止めてから加えてください。水飴を加えて煮詰めるとキャラメルが生成され、ジャムに色がつき、味わいもにごります。

保存期間　2か月くらい

保存期間 *2* 週間くらい

フルーツケーキ

とにかくたくさんのドライフルーツが押し合いへし合い、
自分が1番にと、私の心を捉えようと
私の感覚めがけてかけこんできます。

■ 上口18cm×7cm、底17×6.5cm、高さ5cmのパウンド型　2本分

❋ 材 料 ❋　[ ]内は1本分の分量です。

バター	80g	[40g]
グラニュー糖	68g	[34g]
┌ 卵黄	31g	[16g]
└ 全卵	35g	[18g]
┌ バニラエッセンス	8滴(0.6g)	[4滴(0.3g)]
└ バーズキャラメル	21g	[11g]
粉類		
┌ 強力粉	64g	[32g]
└ ベーキングパウダー	0.6g	[0.3g]
ガルニチュール		
┌ ヘーゼルナッツ	9g	[5g]
│ ドライ・プルーン（1.2cm角）	33g	[17g]
│ ドライ・レーズン	22g	[11g]
│ ドライ・イチジク（1.5cm角）	70g	[35g]
│ ドレンチェリー（縦1/4）	4個	[2個]
│ くるみ（1cm角）	30g	[15g]
│ アーモンドスライス	22g	[11g]
│ オレンジピール（3mm角）	22g	[11g]
│ グラニュー糖	16g	[8g]
│ シナモンパウダー	1g	[0.5g]
│ アニスパウダー	0.4g	[0.2g]
└ キルシュ	43g	[22g]

❋ 下準備 ❋

● **ガルニチュール**を漬け込みます。

①ヘーゼルナッツは、180℃のオーブンで15分前後、時々混ぜながらキツネ色にローストし、目の粗いザルなどの上で軽くこすって皮をとります。1/4に切ります。

②ドライ・プルーン、ドライ・イチジク、ドレンチェリー、くるみ、オレンジピールを切ります。
（下原寸カット見本参照）

③すべての材料を合せよく混ぜ、24時間以上漬けておきます。

● バーズキャラメルを作ります。
（P109 参照）

● バターをテリが出るくらい柔らかくしておきます。

● 型には必ず紙を敷いておきます。

● 21cmボウルを用意しておきます。

● **粉類**は作る直前にふるっておきます。

● オーブンを予熱しておきます。
　🔥 ガス高速オーブン
　　　170℃になってから10分
　〰 電子レンジオーブン
　　　200℃で15分

ガルニチュール用フルーツ原寸カット見本

ドライ・イチジク　ドライ・プルーン　ドレンチェリー　くるみ　ヘーゼルナッツ　オレンジピール

フルーツケーキ

❋ 作り方 ❋

❶ バターを少しテリのある柔らかめのポマード状にします。
(P19「オレンジのパウンドケーキ」作り方❶参照)

❷ グラニュー糖を5回に分けて加えます。
1回加えるごとにグラニュー糖の粒が見えなくなってから50回ずつ、【円】で10秒に12〜13回の速さで混ぜます。
・バターの生地がかたくなってきたら、そのつどボウルの底を軽く弱火にかけて混ぜやすい柔らかさにしてください。
☆ 工程❷までは【円】で同じの速さで混ぜます。

❸ 卵を5回に分けて加えます。
卵黄と全卵をよくほぐし、1回加えるごとに卵とバターが混ざってから、50回ずつ混ぜます。
・バターの生地がかたくなってきたら、そのつどボウルの底を軽く弱火にかけて混ぜやすい柔らかさにしてください。

❹ バニラエッセンスとバーズキャラメルを混ぜたものを一度に加え、均一になるまで混ぜます。21cmボウルに移しかえます。

❺ バターの生地の柔らかさを整えます。
弱火でボウルの底を温め、【円】または【平行楕円】で強めに混ぜ、ほんの少しテリがあり、軽いがしっかりした手応えを感じるくらいまで柔らかくします。

❻ 粉類を5回に分けて加えます。
【90度】で10秒に20回の速さで手早く、強くボウルの底を「タンタンタン」とたたくように混ぜます。80％の混ざりで次の粉を加えます。
3回目の粉を加え80％くらい混ざったら、ゴムべらでボウルのまわりをはらい、残り2回を加えます。全量を加え粉がほぼ見えなくなったら、ゴムべらでボウルのまわりをはらい、さらに60回混ぜます。

保存期間 *2* 週間くらい

❼ 漬けておいた**ガルニチュール**を3回に分けて散らしながら加えます。それぞれ【90度】で全体に散らしてから、【平行楕円】でフルーツが均一に散るまで混ぜます。

❽ 用意しておいた型2本に生地を均等に入れ、アクリルのカードなどでつつくようにして隅々まで広げ、両端をほんの少し高くしてオーブンで焼きます。

↓ 焼き上がり

❾ 焼き上がったらすぐに型からはずし、網にのせ粗熱をとります。粗熱がとれたら紙をはがしラップでぴったり包みます。

❋できあがり❋

ガス高速オーブン
160℃で15分
↓
奥手前を入れかえて
15〜20分

電子レンジオーブン
180℃で15分
↓
上下段を入れかえて
15〜20分

アンゼリカのパウンドケーキ

アンゼリカの色鮮やかな緑とサクサクとした屈折した食感に、
ちょっと切ない早い春の訪れが、淡く重なります。

■ 上口18cm×7cm、底17×6.5cm、高さ5cmのパウンド型　2本分

❋ 材料 ❋　[ ]内は1本分の分量です。

バター･････････････････････94g [47g]

グラニュー糖･････････････66g [33g]
塩･････････････････････････0.6g [0.3g]

卵黄･･･････････････････････44g [22g]
全卵･･･････････････････････58g [29g]

コーンスターチ･･････････34g [17g]

バニラエッセンス･･････10滴(0.8g) [5滴(0.4g)]

粉類
　強力粉･･･････････････････18g [9g]
　薄力粉･･･････････････････20g [10g]
　ベーキングパウダー･･････4g [2g]
　シナモンパウダー･･･････1g [0.5g]
　アニスパウダー･･･････0.6g [0.3g]

キルシュ･････････････････11g [6g]

ガルニチュール
　レモンピール（3mm角）････25g [13g]
　オレンジピール（3mm角）･･25g [13g]
　くるみ（3mm角）･････････70g [35g]
　ドライ・イチジク（5mm角）･70g [35g]
　シナモンパウダー･･････2.1g [1.1g]
　アニスパウダー･･････････1g [0.5g]
　キルシュ･････････････････50g [25g]
　アンゼリカ（縦1/4, 厚さ5mm）･160g [80g]
　ドレンチェリー（1/8）･････30g [15g]

仕上げ
　アンゼリカ（厚さ1mm輪切り）･･････適量

ポンシュ
　キルシュ･････････････････24g [12g]

❋ 下準備 ❋

● **ガルニチュール**を漬け込みます。

①レモンピール、オレンジピール、くるみ、ドライ・イチジク、アンゼリカ、ドレンチェリーを切ります。（下原寸カット見本参照）

②アンゼリカとドレンチェリー以外の材料をよく混ぜ、24時間以上漬けておきます。

➡ アンゼリカとドレンチェリーは漬けません。アンゼリカの固めのカスッとした個性的な歯ざわりを生かすためです。

● **仕上げ**のアンゼリカを切っておきます。
➡ あまり厚くするとパウンドケーキが切りにくくなり、形が崩れやすくなります。

● バターをテリが出るくらい柔らかくしておきます。

● 型には必ず紙を敷いておきます。

● 21cmボウルを用意しておきます。

● **粉類**は作る直前にふるっておきます。

● オーブンを予熱しておきます。
　　ガス高速オーブン
　　　170℃になってから10分
　　電子レンジオーブン
　　　200℃で15分

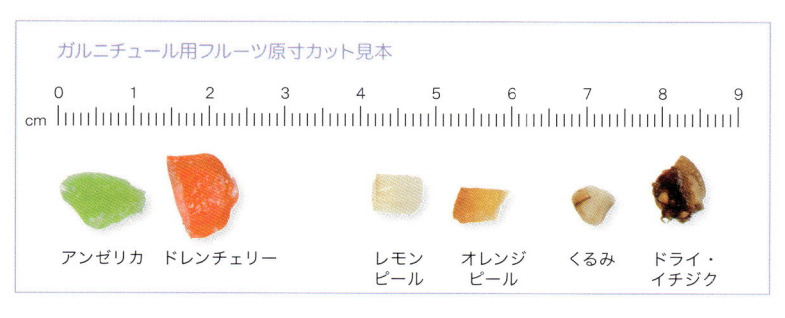

ガルニチュール用フルーツ原寸カット見本

アンゼリカ　ドレンチェリー　レモンピール　オレンジピール　くるみ　ドライ・イチジク

アンゼリカのパウンド

❋ 作り方 ❋

❶ **バターを少しテリのある柔らかめのポマード状にします。**
（P19「オレンジのパウンドケーキ」作り方❶参照）

❷ **グラニュー糖と塩を5回に分けて加えます。**
グラニュー糖と塩を一緒にし、1回加えるごとにグラニュー糖の粒が見えなくなってから50回ずつ、【円】で10秒に12〜13回の速さで混ぜます。
➡ バターの生地がかたくなってきたら、そのつどボウルの底を軽く弱火にかけて混ぜやすい柔らかさにしてください。
☆ 工程❸までは【円】で同様の速さで混ぜます。

❸ **卵を加えます。**
卵黄と全卵をよくほぐしたものを6回に分けて加えます。ここではそのうちの4回を加えます。1回加えるごとに卵とバターがほぼ混ざってから、50回ずつ混ぜます。21cmボウルに移しかえます。
➡ バターの生地がかたくなってきたら、そのつどボウルの底を軽く弱火にかけて混ぜやすい柔らかさにしてください。

❹ **コーンスターチを加えます。**
卵を4回加えたらコーンスターチを一度に加え【平行楕円】で混ぜます。コーンスターチがほぼ見えなくなったら、ゴムべらでボウルのまわりをはらい、さらに50回混ぜます。

保存期間 *10* 日間くらい

❺ 卵の残り2回、バニラエッセンスを加え、それぞれ【平行楕円】で均一になるように混ぜます。

❻ バターの生地の柔らかさを整えます。
弱火でボウルの底を温め、【円】または【平行楕円】で強めに混ぜ、ほんの少しテリがあり、軽いがしっかりした手応えを感じるくらいまで柔らかくします。

❼ 粉類を3回に分けて加えます。
【90度】で10秒に20回の速さで手早く、強くボウルの底を「タンタンタン」とたたくように混ぜます。80%の混ざりで次の粉を加えます。全量を加え粉がほぼ見えなくなったら、ゴムべらでボウルのまわりをはらい、さらに50回混ぜます。

❽ キルシュを加え、【90度】で均一になるまで混ぜます。

❾ 漬けておいたガルニチュール、アンゼリカ、ドレンチェリーを3回に分けて散らしながら加えます。それぞれ【90度】で全体に散らしてから、ゆっくりとした【平行楕円】で均一に散るまで混ぜます。

❿ 用意しておいた型2本に生地を均等に流し入れ、両端を少し高くし、仕上げのアンゼリカをのせ、オーブンで焼きます。

ガス高速オーブン
160℃で20分
↓
奥手前を入れかえて
15〜20分

電子レンジオーブン
180℃で20分
↓
上下段を入れかえて
15〜20分

↓ 焼き上がり

⓫ 焼き上がったらすぐに型からはずします。生地が熱いうちに紙をはがし、すぐに刷毛で底以外の面にポンシュのキルシュを打ち、ラップでぴったり包みます。

❊できあがり❊

101

Le gâteau quatre-quart traditionnel français
フランス伝統のパウンドケーキ

　このお菓子は卵と砂糖をスポンジケーキのように泡立てて、これに粉と多量の溶かしバターを加えたものです。卵黄と卵白を共に泡立てると、メレンゲと違い泡に流動性（流れる力）が生じ、粉やバターが目に見えない部分でより細かに混ざり、生地のスダチはとてもきめ細かくソフトな舌ざわりに焼き上がります。日本人にとっても、おいしさを感じやすい味わいになります。

　しかし卵を泡立てたものに多量のバターを混ぜ込むのですから、脂肪（バター）が卵の水分をはじこうとする表面張力の作用により、より泡はつぶれやすくなります。細心の注意をもって生地を作らなければなりません。この生地はプロにとってもとても難しいものです。ここでも私達なりの配合上、技術上のさまざまな工夫がなされています。一度、二度ではベストのものはできないかもしれませんが、工程をよく見ながら試してみてください。必ず今まで食べたことのないようなおいしさが得られるはずです。一歩一歩、自分の手でおいしさを作り上げていく、こんな経験も必ずお菓子作りの面白さと楽しみを与えてくれます。

キャトル・キャール

しっとりとベルベットのようなきめ細かさです。
作る人の優しさが浮き立つような、思いに満ちたソフトさなのです。

基本レシピ 3
キャトル・キャール

上面直径18cm、底直径15cm、高さ4cmのマンケ型　1台分

卵とバターを加える作業は必ず他の人にしてもらってください。
自分で加えると必ず混ぜすぎて、泡がつぶれ生地が少なくなります。
混ぜ終わった時も十分に量が多くなければなりません。

✤ 材料 ✤

- 卵黄 …………………… 38g
- 卵白 …………………… 64g

- グラニュー糖 ………… 70g

- 粉類
  - 薄力粉 ……………… 35g
  - 強力粉 ……………… 35g

- バター ………………… 70g
- レモン汁 ……………… 10g
- コンパウンド・オレンジ … 10g

- アプリコットジャム ……… 適量

- グラス
  - 粉糖 ………………… 140g
  - レモン汁 ……………… 16g
  - 水 …………………… 16g
  - コンパウンド・オレンジ … 17g

✤ 下準備 ✤

● アプリコットジャムを作ります。
（P 109 参照、市販品でも可）

● 粉類は作る直前にふるっておきます。
➡ 生地の中に粉が隅々まで浸透していかないと、歯ざわりにソフトさが出ない上、焼き縮みしやすくなります。

● 型にバターを塗り、冷やしかためてから粉をふっておきます。

● オーブンを予熱しておきます。
　ガス高速オーブン
　　150℃になってから10分
　電子レンジオーブン
　　130℃で15分

❀ 作り方 ❀

① 深大ボウルに卵黄、卵白を入れてほぐし、グラニュー糖を加えて弱火にかけます。ボウルの底をホイッパーで軽くこするようにして混ぜます。40℃（冬場は45℃）になったら火からおろします。

　●▶ 通常のスポンジ生地（35℃）より高めにして気泡量を多くします。かなりの回数混ぜるので、気泡量が少ないと量の少ない重い生地になります。

　●▶ 卵液の温度によって泡の強弱、気泡量に大きな差が出てしまうので、正確に温度を測ってください。

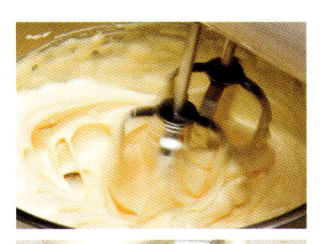

② ①をハンドミキサー（ビーター2本）の速度3番で3分→速度2番で1分泡立てます。

　●▶ 強さが出て、しっかりとした少し粘度がある泡になります。

　●▶ 気泡量の多い強い泡が必要です。ハンドミキサーを早く大きく回転させてください。泡立てに出来具合はかかっています。

←泡立て終わりの状態

③ **粉類を少しずつ加えてもらいながら、【90度】**でゆっくり10秒に6回くらいの速さで混ぜます。粉が見えなくなり生地がなめらかになってから20回混ぜ、ゴムべらでボウルのまわりをはらいます。

　●▶ 最後までとにかくゆっくり混ぜてください。混ぜる回数がかなり多いので、少しでも速く、強く混ぜてしまうと泡が消えてしまいます。

④ 小鍋にバターを入れて火にかけ、70〜80℃の高温に加熱します。レモン汁、コンパウンド・オレンジを加えよく溶かします。

　●▶ 工程③の粉の混ざり終わりに合わせて加熱し始めてください。

　●▶ バターの温度は高い方が表面張力が低下し、泡が消えにくくなります。またグルテンも適度に形成され、スダチも細かく焼き上がりにソフトさが出ます。

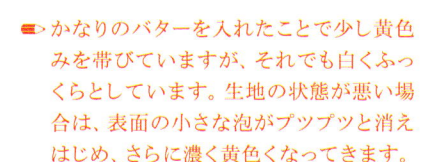

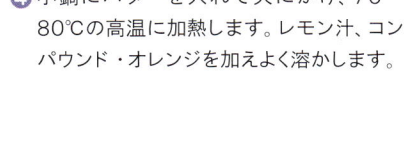

⑤ ④を細い紐を垂らすようにゆっくりと加えてもらいながら、**【90度】**で混ぜます。すべて加え終わってから40回混ぜます。

　●▶ かなりのバターを入れたことで少し黄色みを帯びていますが、それでも白くふっくらとしています。生地の状態が悪い場合は、表面の小さな泡がプツプツと消えはじめ、さらに濃く黄色くなってきます。

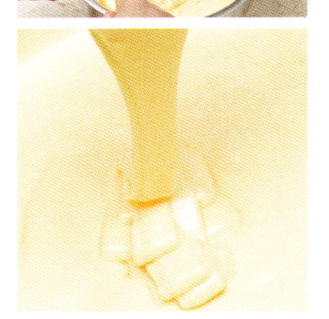

←混ぜ終わりの状態

105

❻ 用意しておいた型に生地を流し入れ、平らにしてオーブンで焼きます。

〰〰〰〰〰〰〰〰〰〰〰〰〰〰〰〰〰〰〰〰〰〰〰〰〰〰〰〰

🔥 ガス高速オーブン

0分　140℃
型と天板の間に段ボールを1枚敷いてオーブンに入れます。
● バターの多いスポンジ生地は下からの熱が初めから強いと中心と外側が不均一に焼け、焼き縮みしやすくなります。まず型の下に段ボールを敷いて、下からの熱を遅らせます。

↓

15分　170℃
ほぼ型の縁の高さまで浮き、薄い焼き色がつきはじめたところで170℃に温度を上げ、段ボールをはずします。

↓

20分
真ん中も100％ほど浮き、生地全体がはっきりとしたキツネ色になり、真ん中にもきれいな薄い焼き色がつきます。

↓

27分　生地の表面がほぼ平らな感じになり、十分な焼き色がつきます。

↑焼き上がり

〰 電子レンジオーブン

0分　160℃
型と天板の間に段ボールを1枚敷いてオーブンに入れます。

↓

11分〜12分　180℃
70％ほど浮いたところで180℃に温度を上げ、段ボールをはずします。

↓

20分　200℃
80％ほど浮いたところで200℃に温度を上げます。生地のまわり2cmにきれいな焼き色がつきます。 
● オーブンの皿が回転するタイプのものは、生地の表面とほぼ平行に熱があたり、真ん中にはあまり熱があたらず焼けません。そこで型の下に耐熱容器などをおき、斜めにして中心部分にも色をつけてください。皿が回転しないタイプのものは必要ありません。

↓

25分〜26分　生地全体にきれいな焼き色がつきます。

➡ 表面の真ん中辺りをさわると生地はへこみますが焼けています。生地と型との間に1mmくらいのすき間ができると焼きすぎです。その直前がベストの焼き上がりです。

➡ ぎりぎりの焼き上がりが最もおいしい生地です。何度かチャレンジしてベストの焼き具合をみつけてください。

〰〰〰〰〰〰〰〰〰〰〰〰〰〰〰〰〰〰〰〰〰〰〰〰〰〰〰〰

❼ グラスの材料をボウルに入れ、混ぜます。

❽ 焼き上がったらすぐに、まわりをポンポンと軽くたたいて上下を返して（焼成時の底面が上）型からはずし、網にのせ粗熱をとります。粗熱がとれたら底以外の面に熱して少し煮詰めたアプリコットジャムを刷毛で塗り、指につかなくなるまで少し置きます。

❾ 表面のジャムが乾いたら、底以外の面に刷毛で❼のグラスを薄く塗り、網の上で余分なグラスを落とします。
オーブンに入れ表面を乾燥させます。生地の角に小さな泡が1つ2つ立ってきたらすぐにオーブンから出し、白いグラスがほぼ透明になるまで冷まします。

🔥 ガス高速オーブン
230℃で
1分30秒〜2分

〰 電子レンジオーブン
250℃で
上段で2〜3分

➡ これ以上長くオーブンに入れておくとグラスが溶けて泡立ち、汚くなってしまいます。

保存期間 **3**日間くらい

食べ頃は焼いた日も含めて3日間ですが、2日までが一番のおいしさです。

✻できあがり✻

杏のキャトル・キャール

やってきた春の暖かさに満ちた息吹。
杏ってこんなにも
太陽の光を吸い込んでいるんだな、と
今さらのように驚いてしまいます。

> 上口直径18cm、底直径16cm、
> 高さ4cmのマンケ型　1台分

❋ 材料 ❋

- 卵黄 ……………………… 38g
- 卵白 ……………………… 64g

グラニュー糖 …………… 85g

粉類
- 薄力粉 …………………… 35g
- 強力粉 …………………… 35g

バター …………………… 70g

杏のマーマレード ……… 100g

アプリコットジャム …… 適量

グラス
- 粉糖 ……………………… 140g
- アプリコットリキュール …… 4g
- アプリコットピューレ …… 38g
- レモン汁 ………………… 4g
- バニラエッセンス …… 3滴(0.3g)

❋ 下準備 ❋

- アプリコットジャムを作ります。
  （P 109 参照。市販品でも可）

- 杏のマーマレードを作ります。
  （P108 参照）

- **粉類**は作る直前にふるっておきます。
  ➡ 生地の中に粉が隅々まで浸透していかないと、歯ざわりにソフトさが出ない上、焼き縮みしやすくなります。

- 型にバターを塗り、冷やしかためてから粉をふっておきます。

- オーブンを予熱しておきます。
  - ガス高速オーブン
    150℃になってから10分
  - 電子レンジオーブン
    180℃で15分

❊作り方❊

① P105「キャトル・キャール」作り方①〜⑥と同様に生地を作り焼きます。
➡ 溶かしバターにレモン汁とコンパウンド・オレンジは入れません。

② グラスの材料をボウルに入れ、混ぜます。

③ 焼き上がったらすぐに、まわりをポンポンと軽くたたいて上下を返して（焼成時の底面が上）型からはずし、網にのせて粗熱をとります。粗熱がとれたら横２つにスライスします。
➡ 生地が温かいうちにスライスしてください。

④ 下の生地に杏のマーマレード100gを塗り、上の生地をのせます。

⑤ まわり外の面に熱して少し煮詰めたアプリコットジャムを刷毛で塗り、指につかなくなるまで少し置きます。

⑥ P106「キャトル・キャール」作り方⑨と同様にグラスを塗り、仕上げます。

❊できあがり❊

保存期間 ３日間くらい

食べ頃は焼いた日も含めて３日間ですが、2日までが一番のおいしさです。

杏のマーマレードの作り方

材料

漬け込み杏
- ドライ・アプリコット …… 100g
- キルシュ …………………… 20g
- アプリコットリキュール …… 20g
- レモン汁 …………………… 2.5g

- アプリコットピューレ …… 210g
- グラニュー糖 ……………… 80g
- ジャムベース ……………… 4.3g
- 水飴 ………………………… 30g
- キルシュ …………………… 10g
- バニラエッセンス … 5滴(0.4g)

① **漬け込み杏**を作ります。
ドライ・アプリコットを8等分に切り、キルシュ、アプリコットリキュール、レモン汁に24時間以上漬けておきます。

② ①の漬け込み杏140gをフードプロセッサーで1mm以下くらいの粒に挽きます。

③ ②にアプリコットピューレを加えて木べらでほぐします。

④ 小鍋に③とグラニュー糖、ジャムベース、水飴を入れ、軽く沸騰させます。

⑤ 火を止めて冷まし、キルシュ、バニラエッセンスを加え、軽く混ぜます。容器にあけて保存します。

保存期間 ２か月くらい

よく使う材料の作り方

アプリコットジャム

材料（できあがり 380g）
- アプリコットピューレ……250g
- グラニュー糖……188g
- ジャムベース……6g
- 水飴……25g

① 小鍋にアプリコットピューレを入れ、グラニュー糖とジャムベースをホイッパーでよく混ぜてから加え、混ぜます。

② 強火にかけ、あくをとりながら沸騰させます。沸騰してから1分加熱します。

③ 火を止め水飴を加え混ぜ、冷まします。容器にあけて保存します。
➡必ず火を止めてから水飴を加えないと、キャラメルが生成され、色も味わいもにごったものになります。

保存期間　2か月くらい

30°ボーメシロップ

材料（できあがり 120g）
- グラニュー糖……70g
- 水……54g

① 小鍋にグラニュー糖と水を入れ、混ぜてから強火にかけ沸騰させます。沸騰したらよく混ぜ、グラニュー糖を溶かし、火を止め冷まします。常温で保存できます。

バーズキャラメル

材料（できあがり 90g）
- 生クリーム……40g
- 水……10g
- グラニュー糖……60g

① 小鍋に生クリームと水を入れ70〜80℃に加熱します。

② ①と同時に銅鍋（なければ厚手の鍋）にグラニュー糖を入れ弱火にかけます。混ぜながら黒めのキャラメル色になるまで焦がします。

③ ②をホイッパーで混ぜながら、①を加えます。すぐに火を止めボウルにあけて冷まします。冷めた状態はかなりネッチリしています。

イル・プルーのパウンドケーキ Q&A

Q. 砂糖はグラニュー糖だけではダメですか?

A. 普通はグラニュー糖だけで作る場合が多いのですが、違う味わいのパウンドケーキの個性をはっきりさせるために、キャソナッドゥ(赤砂糖)、黒糖、蜂蜜などを加えることがあります。これをグラニュー糖だけですませてしまうと、本来のおいしい味わいとかなり違うものができてしまいます。また焼き色が薄くなったりします。なるべく指定された糖分を加えてください。絶対においしいものができますよ。

Q. 薄力粉だけ、強力粉だけ、両方入れる場合などありますが、その違いはなんですか?

A. 普通は薄力粉と強力粉を1:1で混ぜて使っていますが、これはグルテンの量、強弱によって、ちょうどよい歯ざわりと良い状態の生地が作りやすいからです。
しかしパウンドの性質によって、この割合では味わいが十分に作り出せないことがよくあります。同じ重量の薄力粉と強力粉では形成されるグルテンの質と量が違います。強力粉を加えるとグルテンはより多く形成され、またグルテンの質も強いので同じ重さの薄力粉より、よりしっかりしたかための歯ざわりになります。
また薄力粉より少ない量の強力粉でも、生地の中にはしっかりとしたグルテンの強い網が広がり、生地の中の素材をよりしっかりと包み込み、焼き上がるまでに生地が分離しにくくなります。またグルテンの量が少ない分、他の素材がデンプンの網に包まれず、他の素材の味わいがよりよく感じられます。このように粉の量を減らしたい場合などは、薄力粉を強力粉に変えれば量を減らすことができます。
配合によっては薄力粉、強力粉の割合が1:1ではちょっとかたい歯ざわりになる場合があります。この場合は強力粉のいくらかを薄力粉に変え柔らかくしたりします。また、歯崩れがよくない場合は、何割かをコーンスターチに変えることがあります。これにより、より軽い歯崩れが得られます。これらの粉の配分は、私の試作の中で自分の味覚、舌の感覚に従って築かれてきたと考えてください。

Q. オリーブオイルを入れるものがありますが、その効果はなんですか?

A. オリーブオイルは生地のしっとりとした舌ざわりが長く保てるように加えます。またオリーブオイルはそれ自体に豊かな味わいが含まれていると同時に、他の素材の旨味を分解して、全体の味わいをより引き立ててくれます。しかし、必ず加えなければ味わいに大きな差が出るというほどのものではないので、なければ加えなくてもかまいません。

Q. 卵が分離してしまいました。どうしたらいいですか?

A. 卵が分離するのは次の3つの場合です。

①混ぜる回数が十分でなかったり、5回に分けて加えるところを2〜3回で加えた場合

②卵とバターが冷たすぎた場合

③バターを溶かしすぎて、柔らかすぎた場合

解決方法
①、②の場合はごく弱いガスの火で少しずつ加熱しながら強めにホイッパーで混ぜてみてください。手がとても重いようではまだ加熱が十分でありません。それほど重く感じなくなるほどに加熱しながら強く混ぜてください。

③の場合は氷水に少しあててから、ホイッパーで手早く強く混ぜます。バターが柔らかすぎた場合の分離は、ホイッパーで混ぜていても始めはほとんど重さを感じませんが、冷えるに従って少しずつ手に重さが感じられ始めます。良い状態の生地とは少し異なりますが、なめらかになれば大丈夫です。

①、②、③のいずれの場合も一度分離してしまうとなかなか完全に良い状態には戻りません。かなり激しく分離してしまった場合は、ある程度分離の程度が収まってきたところで、粉を2度に分けて加え、ホイッパーで少しゆっくりめに円を描くように混ぜてください。1回目がほぼ混ざったら次を加え、粉が見えなくなったらゴムべらでボウルをはらい、さらに20回ほど混ぜてください。

➡ バターの生地がしっかり卵と混ざった良い状態では、ホイッパーで混ぜるとグルテンが過度に形成されますが、分離ぎみの場合は少し余計にグルテンを形成させないと焼き上がりが均質な状態に焼き上がらないので、この場合はホイッパーで粉を混ぜてかまいません。

Q. 具が全部下に沈んでしまいます。
どうすればいいですか?

A. 洋梨のパウンドケーキ（P90参照）のように1cm角ほどのかなり大きなものは、必ず底に沈んでしまいます。少しもおかしくありません。しかし5mmほどに切ったオレンジピールやレモンピールが沈むのは、粉が十分に混ざっておらず、グルテンが十分に形成されていないためです。

解決方法
●最後の木べらによる粉の混ぜは5～6回に分けて加え、手早く力強く混ぜなければなりません。ビスキュイやジェノワーズと違ってゆっくりめの弱い力の混ぜでは、粘りが強いバターの生地に粉は混ざっていきませんし、グルテンも広がっていきません。

●粉を混ぜ込む時にバターの生地が手にかなり重さを感じるくらいかたすぎると、いくら強い力で混ぜてもバターがのびず、粉は混ざっていきません。ごく弱いガスの火で加熱してよく混ぜて、木べらにあまり重さを感じないクリーミーな状態にして混ぜ込んでください。

●またバターの生地がかなりテリが出るほどにトロトロに柔らかすぎると、粉も混ざらずグルテンも形成されません。このような時は少し氷水につけてはよく混ぜ、少しバターの生地をしめてから粉を加えてください。

Q. 生地がうまく膨らみません。
どうしたらいいですか?

A. 生地があまり膨らまないのは、卵などが分離した場合だけです。またオーブンに入れる時にあまり温度が高すぎると生地が十分に膨らむ前にかたまってしまい、膨らみがより少なくなります。ベーキングパウダーを粉に加えれば、少し生地のできが悪くても十分に膨らみます。
本書をよく読んで、分離しすぎないように生地を作ってください。オーブンの温度が高いようでしたら、記された温度より10～20℃ほど低く設定してオーブンに入れ、80％ほど浮いたところで10～20℃ほど温度を上げます。生地の焼き色と焼き時間を合わせることが大事です。

Q. 中央の部分がへこんだように焼き上がります。
どうしてですか?

A. これには3つの場合が考えられます。

①へこんだところ（ほとんどは生地の真ん中）にまだ十分に熱が入っていなかった場合。
つまり加熱時間が十分でなく、焼けていないためです。次回は5分ほど長く焼いてみてください。

②粉を加える前にバターの生地が分離しすぎた場合。
生地はオーブンに入れられ、ドロッとした状態になり、この状態が長く続きます。バターに様々な素材がある程度十分に混ざっていないと、焼き上がってかたまる前に様々なものが分離し、この部分が縮んで焼き上がります。次回は分離しないように生地を作ってください。

③あまりにも粉の混ざりが悪かった場合。
木べらで粉を混ぜる時、あまりにゆっくりだったり、その時のバターの生地がかたすぎたり柔らかすぎたりして、粉が十分に浸透せずグルテンが形成されなかったためです。次回は粉をしっかり混ぜることを考えながら生地を作ってください。

Q. 表面には十分焼き色がついているのですが、
中がまだ焼けていません。
もう一度焼いて真っ黒にならずに焼ける方法はありますか?

A. 表面にベーキングシートやアルミホイルをかぶせてそれ以上、焼き色がつかないようにして焼き上げます。

おすすめ材料一覧

本書で使用し、弊社営業部、インターネット通信販売、直営店エピスリーで購入できる材料をご紹介します。
弊社で独自に輸入している商品を中心に、秀逸な材料をそろえております。
お問い合わせ・ご注文先はP118をご覧下さい

直輸入の取扱商品
レシピでの表記と商品名が異なる場合は、商品名を〔　〕内に記しています。

● 酒類

ルゴル社　フランス
①キルシュ
さくらんぼの糖分を発酵させ、2度蒸留して熟成させたもの。明るく楽しい香り。アルコール度数45度。

②オレンジキュラソー
〔オランジュ40°〕
イスラエル産のビターオレンジの皮を漬け込んだ深く豊かな香りを持つオレンジのリキュール。他の素材に負けないしっかりとした味と香りが特徴。アルコール度数40度。

③ポワール・オー・ドゥ・ヴィ
〔ポワール・ウィリアム〕
ウィリアム種の洋梨を発酵させ、2度蒸留して熟成させたもの。洋梨の優しさを際立たせます。アルコール度数43度。

④ダークラム
豊かで深みのある甘い香りがお菓子に十分な力強さを与えます。アルコール度数54度。

ジョアネ社　フランス
⑤アプリコットリキュール
杏のおいしさに改めて驚くリキュールです。明るく暖かさに満ちたゆったりとした味わいが口中で踊ります。まさにコート・ドールの土地と太陽の恵みがゆっくり溶け合った風情です。アルコール度数18度。

サセベ社　フランス
⑥カルバドス
リンゴの糖分を発酵、蒸留し、樽熟成後に瓶詰めして長期間熟成させたもの。しっかりとした存在感とビロード感のある舌触り、長く十分な香り、力と厚みのある味わい。アルコール度数40度。

ザ・ラム・カンパニー　ジャマイカ
⑦ホワイトラム
〔JB〕
明るくツンとした芯を持った香りが、お菓子に使うフルーツの新鮮な香りを支えます。アルコール度数63度。

● 蜂蜜

オージエ社　フランス
蜂蜜（百花蜜／菩提樹）
〔天然はちみつ 百花蜜／菩提樹〕
天然蜂蜜。南仏プロヴァンスの豊かな大地でつくられた、個性的な味わい。

● 冷蔵フルーツピューレ

アプテュニオン社　フランス
アプリコットピューレ
ポワールピューレ
〔アブリコ／ポワール〕
フランス、ローヌ渓谷地方のフルーツを使った力強い味わいの冷蔵ピューレ。

マンゴーピューレ
〔マング〕
コートジボワール産とインド産のマンゴーを使用。

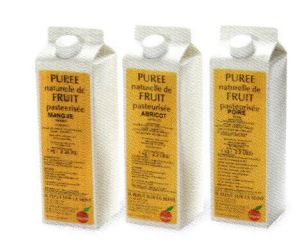

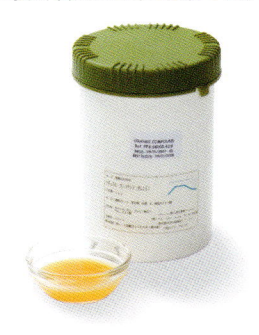

ナッツ類

アリクサ社　スペイン 🇪🇸
- 皮むきアーモンド
- アーモンドスライス
- アーモンドダイス
- アーモンドパウダー

〔マルコナアーモンド皮むき〕
〔マルコナアーモンドスライス〕
〔マルコナアーモンドダイス〕
〔マルコナアーモンドパウダー（粗挽き）〕

降水量の少ないスペインのカタルーニャ地方レリダ産のマルコナ種のアーモンド。油脂分を多く含み、香りが豊かでお菓子の新鮮な味わいが長続きします。ダイスとパウダーは酸化を防ぐため日本国内で加工。

⑧ヘーゼルナッツ
スペインのカタルーニャ地方レリダ産。小粒だが豊かな香り、味わい。

セルノ社　フランス 🇫🇷
⑨くるみ
フランス・ペリゴール産くるみを砕いたもの。肉厚で渋皮が薄いのでとらずに使用可能。

ペック社　フランス 🇫🇷
プラリネ・ノワゼットゥ
ヘーゼルナッツのプラリネ。キャラメル状に焦がしたグラニュー糖に、キツネ色に焼いたヘーゼルナッツを加え、ペースト状に挽いたもの。

エッセンス・香料

セバロム社　フランス 🇫🇷
バニラ棒
〔バニラ・ビーンズ〕
マダガスカル産。お菓子全体の味わいを高める豊かで途切れのない香り。

バニラエッセンス
マダガスカル産。バニラ・ビーンズから抽出した一番搾りで、お菓子のおいしさを広げます。

コンパウンド・アップル
〔ナチュラルコンパウンド・オレンジ／ナチュラルコンパウンド・アップル〕
天然の素材を中心につくられたコンパウンド（ペースト状）は、味も香りともに強く、自然な風味を表現できます。

チョコレート

ペック社　フランス 🇫🇷
スイートチョコレート
〔クーヴェルチュール・アメール・オール〕
カカオ分66％。穏やかで上品な味わいで、香りはまさにオール（金）の趣。

セミスイートチョコレート
〔クーヴェルチュール・アメリカオ〕
カカオ分72％。エクアドル、ペルー、アフリカ産のカカオをミックスしてバニラ棒で香りをつけたチョコレート。

ホワイトチョコレート
〔イヴォワール〕
カカオ分31％。フランスのヴァンデ地方の全脂粉乳を使用。

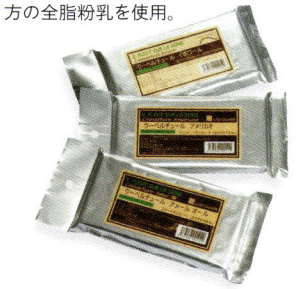

⑩ジャンドゥージャ
深めに煎ったヘーゼルナッツをペースト状にしたものに、スイートチョコレートを混ぜ込んだもの。印象的な味わいで、混ぜ込んでもしっかりと味わいが残ります。

⑪カカオバター
カカオバター100％。ゲアキル産の良質なカカオ豆から抽出。印象的な深い味わいで、溶けた時の舌触りがさっぱりとしています。

⑫チョコスプレー
〔パイエットゥ・ショコラ〕
お菓子の表面につける飾り用のチョコレート。香り、味わいともにしっかりしているため、お菓子の仕上げも見栄えも完璧です。

● ドライフルーツ

コングセル社　フランス 🇫🇷
ドライ・ポワール
スペインのヴァレンシア地方の豊かな土地でつくられたドライの洋梨。

ドライ・プルーン
南フランスのアジャン産プルーン使用。

ハザル社　トルコ 🇹🇷
ドライ・イチジク
肉厚で舌全体に豊かな味わいが広がります。

ドライ・アプリコット
穏やかでありながらしっかりとした味わい。

アリクサ社　スペイン 🇪🇸
ドライ・レーズン
〔サルタナレーズン〕
スペインのカタルーニャ地方レリダ産の黒レーズン使用。かめばかむほど深い味わいが出ます。

● その他

レジレ社　フランス 🇫🇷
ミルクパウダー
乳脂肪26％の全脂粉乳。

ホセ・ポサダ社　スペイン 🇪🇸
パートゥ・ドゥ・マロン

ヴェア社　スペイン 🇪🇸
オリーブオイル
〔レストルネル・エクストラ・ヴァージンオリーブオイル〕

直輸入以外の取扱商品

- グラニュー糖
  〔シュクレーヌ〕
- キャソナッドゥ
  〔ベギャンゼ　キャソナード〕
- 粉糖
  〔全粉糖〕
- ココナッツミルクパウダー
- ココナッツファイン
  〔ココナツF〕
- ココナッツロング
  〔ココナツLシュレッド〕
- りんごの砂糖煮
  〔ドレンリンゴ〕
- 柚子ペースト
  〔愛媛生柚子ペースト〕
- オレンジピール
  〔サバトンオレンジピール#2〕
- 強力粉
  〔スーパーカメリア〕
- 薄力粉
  〔スーパーバイオレット〕
- バター
  〔明治発酵バター〕
- ジャムベース

IL PLEUT SUR LA SEINE
イル・プルー・シュル・ラ・セーヌのご案内

　一人の菓子屋が始めた「セーヌ河に雨が降る」という意味のパティスリー「イル・プルー・シュル・ラ・セーヌ」が誕生して20年の歳月が流れました。そしてこれまでこの日本で、よりフランス的な味わいを確立するためにさまざまな活動をしてきました。その考えはさらに発展し、人間としての共通のおいしさとは何か、日本人にとっての真実のおいしさとは何かを考えています。

　「日本でフランスと同じ味わいのフランス菓子を必ず作り上げ、多くの人に伝えたい」という強い情熱と執念が、4つの大きな柱（「つくる」「教える」「素材の開拓」「伝える」）を生み出しました。すべて嘘偽りない、心と身体のための本当のおいしさを追求する事柄です。

イル・プルー・シュル・ラ・セーヌは、
4つの大きな柱を支えとして、
日本人の食の幸福と健康のためさまざまな情報を発信しています。

パティスリー　イル・プルー・シュル・ラ・セーヌ

つくる

時代に流されない孤高の味わい。
日本において真実のフランス菓子はここにしかありません！

東京・代官山にあるパティスリーでは、オーナー・パティシエ　弓田亨の強い信念から生まれた力強く、揺るがない「美味孤高」の思いの下、日本における最高のフランス菓子作りをめざしています。多くのパティスリーが乱立する中、浮ついた心なく真実の味を追究し続けているのは、弊社だけだと自負しております。

より味をご理解いただくため、お菓子を食べる温度を重視しており、店内でしかご提供できないお菓子もございます。一度足をお運びください。真偽はお客様ご自身の舌でお確かめください。

↑パウンドケーキ也「塩味のクッキー」など焼き菓子も充実。

↑テラス席（5テーブル・15席）も併設しております。トレトゥール（お惣菜）ランチなどいかがですか？

「好きこそ物の上手なれ」で日々これ精進の現在であります。私自身が作り続けること、苦悩し続けること、またこれからもイル・プルーのお菓子が変わらず輝き続けることができること。『続けること』が私のテーマです。激変する時代の味達の中で、守るべき味、語り継ぐべき味を作り続けていきたいと思っています。
（シェフ・パティシエ／川瀬誠士）

嘘と迷信のないフランス菓子・料理教室

教える

オーナーパティシエ　弓田亨が指導。
パティスリーの味を自らの手で再現できます！

1986年開講以来、生徒さんたちとの実践の中で教える技術が築かれてきました。少しの意欲があればすぐ上達します。半年もすると世の中に溢れるウソのおいしさに気づき、自分が作ったお菓子と、イル・プルー・シュル・ラ・セーヌのお菓子以外は食べられなくなります。さらに嘘偽りのない確かな技術に大きな自信を持ち、ほとんど初心者だった方が2〜3年後に店を出す、そんなことも可能にする教室です。

フランス菓子本科第1クール（全40回／112品）	1回の授業で2〜3台のアントルメをお1人でお作りいただけます。
入門速成科（全20回／○品）	誰でも簡単にショートケーキやモンブランが作れるよう指導します。
フランス料理（全20回）	手間を惜しまない本格的なフランス料理が学べます。

↑テーブルを回って細かく指導します。本書の共著者である椎名眞知子も、もちろん教壇に立ちます。

素材の開拓

製菓材料輸入・通信販売／営業部

執拗に心を緩めることなく探し得た秀逸な素材。
本物の持つ味と香りが、あなたのお菓子を高みへと導きます。

オーナーパティシエ 弓田亨が毎年フランス、スペインを回り、
味に誠実なメーカーとの家庭的な付き合いを通じて選んだこだわりの素材を輸入販売しています。

チョコレート（フランス・ベック社）
・クーヴェルチュール アメール・オール
・クーヴェルチュール スーパー・ゲアキル
・イヴォワール

アーモンド（スペイン・アリクサ社）
・マルコナ皮むきアーモンド
・マルコナスライスアーモンド
・マルコナアーモンドダイス

酒類（フランス・ルゴル社／ジョアネ社）
・キルシュ
・オランジュ40°／60°
・ダークラム
・カシス／フランボワーズリキュール

＊上表記は取扱商品のほんの一部です。
この他ドライフルーツ、フルーツピューレ、エッセンス等多数ございます。
詳しくは、営業部（03-3476-5195）までお問い合わせください。

> 自分の目や舌、すべての感覚を持って「素材の善し悪し」を判断し、秀逸な素材を探し得ました。その味わいを多くのパティシエに知って欲しい。そしてそれを追求のための良心の糧としていただきたいのです。
> 十数年前、一介のパティシエが製菓材料の輸入を始めた理由は、フランスで手にするものと同じ品質、おいしさを持つ素材を使って、この日本で本当においしいフランス菓子を作りたい、その一心からでした。是非一度私達が誇りとする味わいを皆さんの目で、舌で検証して欲しいのです。
>
> 弓田 亨

教える＆素材の開拓

製菓材料・器具販売とデモンストレーション

エピスリー　イル・プルー・シュル・ラ・セーヌ

本当のおいしさに心と身体がよろこぶ素材の宝庫。
素材、お菓子づくり大好きなスタッフがお待ちしています。

　東京・恵比寿にあるエピスリーは、こだわりの製菓材料と器具を販売しています。また地下1階では初心者からプロまで、お菓子づくりに関わるすべての方々のために、毎日のようにさまざまな講習会を開催しています。すべての講習会は2〜3時間程度ですので、気軽にお立ち寄りいただけます。

製菓材料だけでなく、天然蜂蜜、オリーブオイル、赤ワインビネガーなどフランス産、スペイン産の良質な素材も数多くあります。

19歳の時にイル・プルーの本に出会って、ジェノワーズを焼いた時、不器用な自分が「こんなにおいしいお菓子が作れたこと」に衝撃を受けました。今は一人でも多くのお客様にこのおいしい衝撃を体感していただきたい！　そんな思いで皆様のお菓子作りのお手伝いをさせていただいております。お菓子作りの楽しいご相談など、スタッフ一同お待ちしております。
（写真中央　店長／坪内）

伝える

お菓子屋さんが出版社！／出版

プロ、プロ志向、お菓子作り好きの方々のため、本当においしく作れる
本格フランス菓子・料理本の企画・編集・出版を手がけています。

イル・プルー・シュル・ラ・セーヌへの各種お問合せ先

フランス菓子・料理のことなら

パティスリー　イル・プルー・シュル・ラ・セーヌ

TEL　03-3476-5211
FAX　03-3476-5212

営業時間　　11:30～19:30
定休日　　　火曜（祝日の場合は翌日振替）

☆焼き菓子やギフトのご注文はホームページでも受付中。

嘘と妥信のないフランス菓子・料理教室

TEL　03-3476-5196
FAX　03-3476-5197

☆短期講習会や1日体験入学、無料見学会なども
　随時受けております。

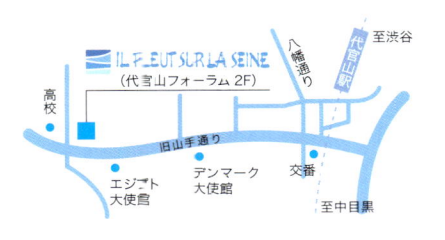

〒150-0033
東京都渋谷区猿楽町17-16
代官山フォーラム2F

＊東急東横線「代官山駅」より徒歩5分
＊東急トランセ「代官山フォーラム前」下車すぐ

製菓材料を直接購入したいなら

エピスリー　イル・プルー・シュル・ラ・セーヌ

TEL　03-5792-4280
FAX　03-3441-4745

営業時間　　11:00～20:00
定休日　　　火曜（祝日の場合は翌日振替）

☆講習会ご予約はホームページでも受付中。

〒150-0013
東京都渋谷区恵比寿3-3-8
ラピツカキヌマビル

＊都バス「田87」系統「恵比寿2丁目」下車徒歩1分
＊JR「恵比寿駅」より徒歩10分

プロ向け製菓材料・通販のことなら

営業部

TEL　03-3476-5193
FAX　03-3476-3772

〒150-0021　東京都渋谷区恵比寿西1-16-8　彰和ビル2F

☆ご注文・カタログのご請求・お問合せは上記TEL、
　またはFAX、ホームページまで。
☆インターネット通信販売「楽天市場」でも取扱い中
　http://www.rakuten.co.jp/ilpleut

書籍のことなら

出版部

TEL　03-3476-5214
FAX　03-3476-3772

〒150-0021　東京都渋谷区恵比寿西1-16-8　彰和ビル2F

☆紀伊國屋書店、丸善、ジュンク堂書店他、全国有名書店にてお買い求
　めいただけます。店頭にない場合は、書店でご注文いただくか、上記
　TELまでご連絡ください。

詳細は　http://www.ilpleut.co.jp

イル・プルー・シュル・ラ・セーヌ企画の本

初・中級者向けお菓子のレシピ本のご紹介

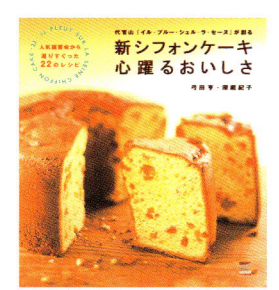

代官山『イル・プルー・シュル・ラ・セーヌ』が創る
新シフォンケーキ　心躍るおいしさ
ー人気講習会から選りすぐった22のレシピー

弓田亨／深堀紀子　共著
ISBN978-4-901490-15-3　A4変形判　96頁　定価:本体2,500円

粉をメレンゲをほぼ混ぜ終わったあとに加え、オリジナル器具エキュモワールで混ぜる新食感のシフォンケーキレシピ。プレーンのシフォンをベースに、フルーツ、和風、香り、さらには塩味まで豊かなバリエーションが楽しめます。

嘘と迷信のないフランス菓子教室
一人で学べる
とびきりのおいしさのババロアズ

弓田亨／椎名眞知子　共著
ISBN978-4-901490-16-0　AB判　104頁　定価:本体2,500円

家庭で一人でも学べ、さらにプロ以上においしく作れるババロアのケーキのレシピ。オレンジやカシス、フランボワーズなどフルーツを使ったものから、紅茶や白ワイン、チョコレートを使ったものまで、色鮮やかなケーキが18種。

嘘と迷信のないフランス菓子教室
一人で学べる
ザック サクッ ザクッ！ 押しよせるおいしさのパイ

弓田亨／椎名眞知子　共著
ISBN978-4-901490-17-7　AB判　104頁　定価:本体2,500円

家庭で一人でも学べ、さらにプロ以上においしく作れるパイのレシピ。小さなパイやミルフィーユ、食事にもなるパイなど、一つの生地から作るバリエーション豊かなラインナップ。生地から作るパイのおいしさを知ってください。

★その他、プロ向けフランス菓子、フランス料理、健康のための家庭料理の本なども取り揃えております。詳しくはホームページ、もしくは出版部にお問合せください。

嘘と迷いのないフランス菓子教室
一人で学べる
イル・プルーのパウンドケーキ
おいしさ変幻自在

著者　弓田亨／椎名眞知子

2007年10月10日　第1刷発行

発行者　山口受海
発行所　株式会社イル・プルー・シュール・ラ・セーヌ企画
〒150-0033
東京都渋谷区猿楽町17-16　代官山フォーラム2F
http://www.ilpleut.co.jp

印刷・製本　中央精版印刷株式会社

書籍に関するお問い合わせは、出版部まで。
〒150-0021
東京都渋谷区恵比寿西1-16-8　彰和ビル2F
TEL:03-3476-5214 / FAX:03-3476-5772

本書の内容を無断で転載・複製することを禁じます。
落丁本・乱丁本はお取替えいたします。
Copyright © 2007 Il Pleut Sur La Seine Kikaku. Co., Ltd.
Printed in Japan

撮影　　松原敬子

デザイン・イラスト
　　　　小林直子（umlaut）

調理アシスタント
　　　　櫻井愛
　　　　齋藤望
　　　　相羽智加
　　　　加藤麻子
　　　　長澤若葉

編集　　中村方映
　　　　工藤和子